햄버거랑 피자랑,
맛있는 것만
먹을래!

햄버거랑 피자랑, 맛있는 것만 먹을래!

초판 1쇄 발행 2015년 2월 28일
초판 3쇄 발행 2024년 4월 1일

지은이 박현숙
펴낸이 이지은
펴낸곳 팜파스
기획·편집 박주혜
디자인 박진희
마케팅 김민경, 김서희

출판등록 2002년 12월 30일 제10-2536호
주소 서울시 마포구 어울마당로5길 18 팜파스빌딩 2층
대표전화 02-335-3681   **팩스** 02-335-3743
홈페이지 www.pampasbook.com | blog.naver.com/pampasbook
이메일 pampas@pampasbook.com

값 12,000원
ISBN 978-89-98537-82-1 (73810)

ⓒ 2015, 박현숙

- 이 책의 일부 내용을 인용하거나 발췌하려면 반드시 저작권자의 동의를 얻어야 합니다.
- 잘못된 책은 구입하신 서점에서 교환해 드립니다.

이 도서의 국립중앙도서관 출판예정도서목록(CIP)은 서지정보유통지원시스템 홈페이지 (http://seoji.nl.go.kr)와 국가자료공동목록시스템(http://www.nl.go.kr/kolisnet)에서 이용하실 수 있습니다.(CIP제어번호: CIP2015003776)

햄버거랑 피자랑, 맛있는 것만 먹을래!

건강한 식습관의
중요성을 알려 주는
어린이 편식 극복 동화

박현숙 지음
안경희 그림

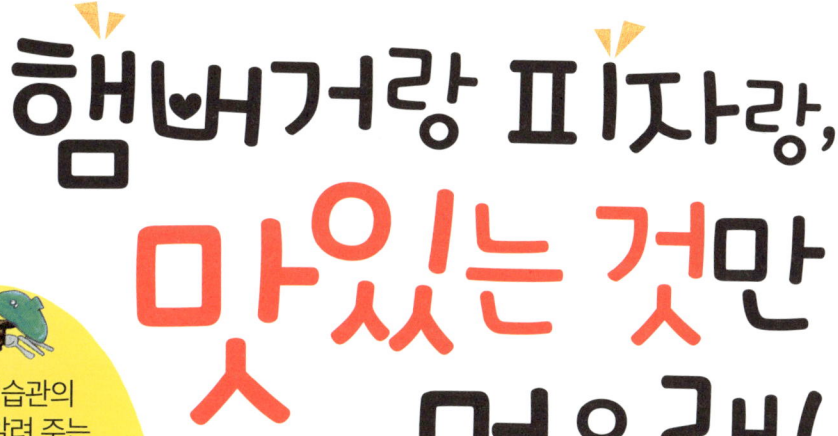

팜파스

우리가 전부다 잘 먹어야 하는 이유!

　나에게는 초등학교에 다니는 조카가 한 명 있어요. 얼굴은 아주 예쁘게 생겼는데 성격이 얼마나 까칠한지, 옆에 가면 마구 찔릴 것 같아 조심스러운 아이에요. 걸핏하면 성질부리고, 짜증내고, 혼자 화내다 울기까지⋯⋯. 누가 뭐라고 한 것도 아닌데 옆에 있으면 황당한 적이 한두 번이 아니랍니다.

　옛말에 '집에서 새는 바가지는 들에 가도 샌다'라는 말이 있어요. 조카도 마찬가지였어요. 밖에 나가서 친구들에게도 그랬나 봐요. 뭐든 자기 마음대로 안 되면 화를 내는 아이를 누가 좋아하겠어요.

결국 조카는 엄마 손을 잡고 병원에 갔어요. 콕 집어 어디가 아픈 거는 아니지만, 어디가 안 좋은 거는 확실하다고 생각했기 때문이지요. 병원에 가서 검사도 하고 의사선생님과 상담도 했지요.

그런데 근본적인 이유가 뭔지 아세요? 바로 편식이었어요. 우리 조카는 절대 채소는 먹지 않는 아이였고, 김치 냄새 나고 반찬 냄새 난다면서 손으로 코를 쥐어 잡고 밥 먹는 아이였거든요. 학교 급식 시간에는 급식 당번 아이들에게 빌고 빌어서 반찬을 조금만 받았대요. 그리고 다른 친구들한테 또 빌고 빌어서 그 반찬을 나눠주고요.

조카가 좋아하는 음식은 오로지 고기! 그것도 설탕을 듬뿍 넣어 달게 조리한 고기와 피자였어요.

자라는 시기에 골고루 영양 섭취를 못하다보니, 겉으로는 멀쩡해 보여도 건강이 안 좋았던 거예요. 그러다보니 짜증만 늘었던 거고요.

우리가 움직이고 생각하고 공부하는 그 모든 활동을 하기 위

해서는, 우리 몸에 골고루 영양분을 주어야 해요. 먹고 싶은 것만 골라 먹어서는 몸에 필요한 영양소를 다 보충할 수 없지요.

　여러분 중에도 편식하는 친구들 많이 있지요? 가만히 잘 귀 기울여 들어보세요. 몸속에서 부족한 것을 빨리 달라고 아우성치는 소리가 들리지 않나요? 아마 들릴 거예요.

　그 뒤로 우리 조카는 어떻게 되었느냐고요? 편식 습관을 없애고 짜증도, 화도 잘 내지 않는 예쁘고 착한 어린이가 되었지요. 공부도 더 잘하게 되었고요.

　　아무 거나 잘 먹는 동화작가
　　　　박현숙

 차례

 어린이 친구들에게
우리가 전부다 잘 먹어야 하는 이유! / 5

 나는 시골쥐가 아닙니다 / 10

 안 먹는 걸 어쩝니까? / 19

 굶어 죽지 않으려면 / 29

 5등 당첨! / 39

 나만의 비밀 / 48

햄버거집 아들이라고? / 58

 친구니까 공짜! / 69

알림장 보여주려고 왔지 / 79

 여드름 나고 늙은 언니 / 89

지금 여러분도 편식하고 있나요? / 100

나는 시골쥐가 아닙니다

"안 먹어."

나는 식탁 위는 거들떠보지도 않고 주방에서 나왔다. 고구마 냄새만 맡아도 속이 메스꺼웠다. 저런 맛없는걸 뭐하러 먹는담. 거기에다 생긴 것도 촌스럽게 생겼잖아.

"고구마 먹기 싫으면 감자 쪄 줄까?"

엄마가 물었다. 목소리에 아주 짜증이 가득 들어있다. 아무 거나 해 주는 대로 덥석덥석 받아먹으면 얼마나 좋아, 이런 뜻이다.

"감자도 싫어."

나는 이맛살을 있는 대로 찌푸리며 학원 가방을 집어 들었다. 이건 뭐 '서울쥐 시골쥐'에 나오는 시골쥐 취급이다. 간식으로 매일 고구마에 감자, 그것도 아니면 옥수수를 먹으란다.

"그럼 배고파서 어떻게 할 건데? 너, 보나마나 점심도 조금 밖에 먹지 않았을 거 아니니? 배고프면 공부도 안 돼."

그렇게 걱정이 되면 라면 하나 끓여 주든가. 그렇지 않으면 피자라도 한 판 시켜 주면 더 좋고. 그것도 아니면 학원 앞에 있는 햄버거 가게에서 햄버거 하나 사 먹으라고 돈을 주면 참 고마울 텐데.

나는 슬쩍 기대를 하며 엄마 눈치를 봤다.

"정 먹기 싫으면 할 수 없고."

엄마가 혼잣말처럼 중얼거리며 식탁 위에 놓인 고구마 접시를 치웠다. 기대가 한순간 물거품처럼 꺼져 버렸다.

"저리 비켜."

나는 내 발밑에서 알짱거리는 강아지 토미에게 신경질을 부렸다. 엄마가 돌아봤다. 그러더니 앞치마 주머니에 손을 넣고 뒤적거렸다.

'됐다!'

나는 마음속으로 환호성을 질렀다. 그래, 딸이 굶고 학원에 가는데 어떤 엄마가 그냥 두고 보겠어. 강아지한테 신경질을 부릴

정도면 배가 무지하게 고픈 거잖아.

이제 곧 엄마는 돈을 꺼내 내 손에 쥐어주며 '먹고 싶은 거 사 먹고 공부 열심히 하고 와', 이럴 거다. 가슴이 콩닥콩닥 뛰었다. 뭘 사 먹을까? 내가 지금 제일 먹고 싶은 게 뭐지?

나는 침을 꼴깍 삼키며 주방 앞으로 다가갔다.

"토미, 이리 와."

그런데 엄마가 주머니에서 꺼낸 것은 개껌이었다.

"에이그, 가만히 있는데 공연히 신경질을 부리지? 마음 넓은 토미 네가 이해해라. 이 껌 씹으면서."

토미는 개껌을 보자 쏜살같이 엄마에게 달려갔다. 엄마가 토미 입에 개껌을 물려 주었다.

기대한 내가 잘못이지. 나는 방으로 들어왔다. 한숨이 절로 나왔다.

나는 하루라도 라면이나 피자, 햄버거를 먹지 않으면 이상하다. 다른 걸 아무리 먹어도 배가 고프고 허전하다.

엄마가 회사에 다닐 때는 아침마다 용돈을 주었다.

'학원 가기 전에 뭐 사 먹고 가.'

이러면서 말이다.

나는 학교를 마치면 간식으로 조각 피자나 햄버거를 사 먹었

다. 집에 들렀다 학원에 가면 라면을 끓여먹었다.

그런데 엄마가 회사를 그만둔 거다. 엄마가 회사를 그만두고 집에만 있게 되었다고 소진이에게 말했더니, 소진이는 나를 부러워했다.

'나도 우리 엄마가 회사에 다니지 않았으면 좋겠어. 집에서 매일 있으면 맛있는 것도 만들어 주고 얼마나 좋아.'

소진이는 자기 엄마가 집에서 밥하고 빨래하고 자기하고 놀아주는 게 소원이라고 했다.

나도 처음에는 엄마가 집에만 있는다고 했을 때 꿈에 부풀었다. 라면도 엄마가 끓여 주면 더 좋을 거라고 생각했다. 피자도 조각피자를 사 먹는 거보다 집에서 시켜서 먹으면 훨씬 더 맛있으니까 그것도 참 좋았다.

그런데 엄마가 회사를 그만둔 다음 날, 내 꿈은 유리컵처럼 쨍그랑! 깨지고 말았다.

엄마는 내가 먹는 거에 대해 참견하기 시작했다. 꼭 그것 때문에 회사를 그만둔 것처럼 말이다.

"김민선. 라면 안 돼."

엄마는 싱크대 서랍 안에 넣어둔 라면을 모조리 치워 버렸다.

"왜 안 돼?"

나는 엄마가 치우는 라면 봉지를 잡고 거의 울부짖었다.

"몸에 안 좋아. 너는 밥 대신 라면 먹고, 간식으로 또 라면 끓여 먹잖아."

회사에 다닐 때는 내가 라면을 끓여 먹든 볶아 먹든 상관하지 않고 굶고 다니지만 말라고 하더니, 이제 와서 딴말이다.

예전에 시골에 사는 할머니가 우리 집에 잠깐 오셨을 때다.

"너희 집 싱크대 서랍 안에 웬 라면이 그렇게 많으냐? 설마 민선이가 먹는 거니? 아이한테 그런 음식 많이 먹이면 못 써. 내가 보내 주는 고구마랑 감자, 옥수수 같은 거를 미리 쪄 놓고 먹으라고 하면 될 것을."

할머니는 엄마를 나무랐다. 그냥 나무라기만 한 게 아니라, 베란다에서 푹푹 썩어 가는 고구마와 감자를 들고 와 식탁 위에 올려놓고 혀를 찼다. 그때 엄마가 그랬다.

"호호호. 어머니. 제가 바빠서요. 라면도 한 끼 정도 먹는 거는 괜찮아요. 라면 좋아하는 아이들이 얼마나 많은데요."

이러면서 할머니가 하는 말을 못마땅하게 생각했으면서.

라면만 못 먹게 하는 거면 말도 안 한다. 학원으로 바로 갈 때 뭐 사 먹으라고 아침마다 주는 용돈도 딱 끊었다.

"얼른 집에 들러서 간식 먹고 가. 그래도 안 늦잖아."

15

엄마는 베란다에 가득 쌓인 고구마와 감자를 번갈아 가며 쪄 줬다. 가끔 옥수수도 삶아 줬다.

나는 모아 두었던 돈으로 엄마 몰래 간식을 사 먹었다. 그런데 이제 모아 둔 돈도 딱 떨어졌다.

나는 방안을 휘휘 둘러봤다. 구석구석 뒤지면 동전 몇 개는 나올 것도 같았다. 예전에 떨어뜨리고 줍지 않았던 동전이 몇 개 있는 것 같다.

나는 학원 가방을 던지고 책상 밑으로 기어 들어갔다. 팔을 뻗어 책상 밑을 훑었다. 동전은 나오지 않고 뽀얀 먼지가 손바닥에 묻어났다.

책상 서랍을 모두 빼서 뒤집어엎었다. 온갖 지저분한 것들이 방바닥에 흩어졌다.

"있다!"

나도 모르게 크게 외쳤다.

가위와 색연필 아래로 동전 두 개가 반짝반짝 빛나고 있었다.

"와. 오백 원짜리다."

나는 오백 원짜리 동전을 들고 감격했다.

서랍장 밑으로는 자를 집어넣었다. 몇 번이나 자를 넣었다 뺐다를 반복하자 백 원짜리 동전 두 개가 나왔다.

나는 1200원을 주머니에 고이 넣은 후 방에서 나왔다.

"고구마 진짜 맛있다. 너, 정말 안 먹을 거야?"

엄마가 물었다.

정말 안 먹어! 죽어도 안 먹어!

나는 잽싸게 현관문을 열고 나왔다.

주머니 속에서 딸랑거리는 동전 소리를 듣자 세상에서 제일 부자가 된 것같이 설레었다. 나는 바람처럼 편의점으로 달려갔다.

한 줄로 쭉 줄을 서 있는 컵라면을 보자 너무 반가워서 나도 모르게 '안녕!'하고 인사를 할 뻔했다.

나는 매운맛 컵라면을 사서 뜨거운 물을 가득 부었다. 솔솔솔, 라면 냄새가 나기 시작했다. 침이 고이더니 꼴깍꼴깍 목으로 넘어갔다.

"그만 해도 돼."

나는 3분을 기다리지 못해 아직 과자처럼 꼬들꼬들한 컵라면을 먹기 시작했다.

"역시 라면은 꼬들꼬들해야 맛있어."

너무 맛있어서 눈물이 나오려고 했다.

라면을 다 먹고 국물을 마시고 있을 때였다.

"주스 어디 있소?"

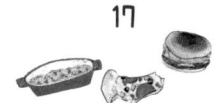

등 뒤에서 누군가 점원에게 묻는 소리가 들렸다. 그런데 그 목소리가 어디서 많이 듣던 목소리였다. 나는 고개를 휙 돌렸다.

"어?"

나는 깜짝 놀라 목으로 넘기려던 라면 국물을 입에 물고 눈을 커다랗게 떴다. 시골에 있어야 할 할머니가 편의점에 웬일이지?

"민선이 아니냐?"

할머니였다. 할머니는 나를 보자 함박웃음을 지으며 다가왔다.

"그런데 너 뭐 먹냐?"

할머니가 내가 들고 있는 컵라면을 보고 물었다. 나는 엉거주춤 컵라면을 탁자 위에 내려놓았다.

"집에 엄마 없냐?"

할머니는 잔뜩 찌푸린 얼굴로 물었다.

"이, 이, 있는데요."

"그런데 왜 여기서 그런 걸 먹고 있어? 회사를 그만 두었는데도 여전히 바쁘다니? 그런 걸 먹도록 만들게? 아이고, 내가 네 엄마한테 뭐라고 좀 해야겠다!"

할머니는 화를 냈다.

"하, 하, 할머니. 저 학원 가야 해요."

나는 얼른 편의점에서 나왔다.

 학원에서도 걱정이 되어 공부는 머릿속에 하나도 들어오지 않았다. 할머니가 분명 엄마한테 말했을 거다.
 아악! 할머니는 하필이면 그 시간에 편의점에 들어올 게 뭐람. 할머니가 가까운 곳에 살고 있으면 그럴 수도 있겠다고 생각하겠다. 그런데 먼 시골에 사는 할머니가 어떻게 마술을 부리는 것처럼 거기에 턱하니 나타나느냐고.
 한숨만 푹푹 쉬다 수업시간에 한숨을 쉰다고 선생님께 야단만 맞았다. 학원을 마치고 천천히 걸어 집으로 갔다. 아주 천천히 걸었는데 집에 왜 그렇게 빨리 도착하는지, 아파트 주변을 한 바퀴 더 돌았다.

엘리베이터도 타지 않고 11층까지 걸어서 올라갔다. 11층도 가까웠다.

현관문 앞에 서자 가슴이 콩닥콩닥 뛰었다.

나는 현관문에 귀를 대 보았다. 무슨 소리가 들리는지 초 집중했다. 정말 할머니가 엄마를 야단쳤을까? 할머니는 엄청나게 무섭다. 성질도 얼마나 급한지 화가 나면 앞뒤 가리지 않는다.

안에서 엄마와 할머니의 목소리가 들렸다. 하지만 무슨 소리인지 알아들을 수가 없었다.

나는 한참 망설이다 현관문 비밀번호를 눌렀다.

띠띠띠, 삐리리.

현관문이 열리는 소리에 숨이 콱 막혔다.

"응, 민선이 오네."

현관문 안으로 발을 들여놓기도 전에 쩌렁쩌렁한 할머니 목소리가 나를 맞았다. 나는 얼른 고개를 들어 거실을 바라봤다. 할머니가 거실 바닥에 앉아 있고 엄마는 그 앞에 죄지은 사람처럼 두 손을 모으고 서 있었다.

순간 가슴에서 쿵! 하고 심장 떨어지는 소리가 들렸다.

'엄마가 할머니한테 무지하게 혼나고 있구나.'

나는 엄마 얼굴을 슬그머니 훑어봤다. 벌겋게 달아오른 얼굴, 꾹 다문 입술, 살짝 내리 깔은 눈.

"민선이 이리 와 봐라."

갑자기 할머니가 벌떡 일어나더니 내 팔을 잡아끌고 엄마 앞으로 갔다. 그러더니 내 팔소매를 휙 걷어 올렸다.

"이것 좀 봐라, 이것 좀."

할머니는 내 팔을 툭툭 건드리며 엄마에게 소리쳤다.

"저번에 왔을 때 내가 말했잖니. 민선이 피부에 좁쌀처럼 뭐가 난다고. 그게 다 라면 먹고 영양가라고는 눈을 씻고 찾아봐도 없는 이상한 음식 먹어서 그렇다고 내가 말했잖니. 그때는 회사 다니느라고 바쁘다고 하니 내가 이해했다. 집에서 노는 지금도 바쁘냐?"

할머니 목소리는 천장이 들썩일 정도로 카랑카랑했다. 엄마 얼굴이 더 빨개졌다. 나는 슬그머니 소매를 내렸다.

"그리고 이 얼굴도 봐라."

할머니가 손가락으로 내 턱을 치켜 올렸다.

"이제 열 살 밖에 안 된 아이가 벌써 여드름이 날 리는 없고. 얼굴에 오돌도돌 난 이거, 너는 왜 그렇다고 생각하냐?"

할머니 말에 엄마가 고개를 들어 나를 바라봤다. 그 순간 엄마와 눈이 딱 마주쳤다. 엄마 눈이 무시무시했다.

"왜 또 애는 그렇게 무섭게 쳐다보냐? 이제 집에서 놀면 애가 먹을 거를 제대로 챙겨주어야지, 편의점에서 컵라면 먹게 한 게 뭐 잘한 일이라고 그렇게 봐?"

"어머니. 자꾸자꾸 집에서 논다고 하시는데, 노는 게 아니라……."

"그럼 돈 버냐?"

할머니가 엄마 말이 끝나기도 전에 버럭 소리를 질렀다. 엄마는 찔끔거리며 말을 멈췄다.

"그리고 너 지난번에 민선이가 공부 못한다고 뭐라고 한 적 있지? 애가 왜 공부를 못하겠니? 머리가 팍팍 돌아가야 공부를 잘하는 건데 먹는 게 시원찮으니 머리가 안 돌아가는 거지. 좋고

영양가 많은 음식을 먹어야 머리에 기름이 반들거린단 말이다."

할머니는 말을 멈출 생각을 하지 않았다. 엄마가 몸을 비틀었다. 지친 표정이 역력했다. 할머니는 아까 집에 들어오자마자 야단을 치기 시작한 것 같았다.

"컵라면 먹고 어떻게 공부를 하고 왔누?"

할머니가 안타깝다는 눈으로 나를 바라봤다. 나는 어떤 표정을 지어야할지 몰라 고개를 푹 숙였다.

"아이고, 불쌍한 것."

할머니는 혀를 차며 말했다. 엄마의 한숨소리가 작게 들렸다. 나는 조심스럽게 고개를 들고 엄마 얼굴을 살폈다. 엄마 눈에 눈물이 그렁그렁했다.

"빨리 저녁 해라. 우리 민선이 배고프겠다."

할머니 말에 엄마는 뒤돌아서서 주방으로 갔다.

"고구마를 삶아 줘도 안 먹고 감자도 안 먹고, 해 줘도 안 먹는데 어떻게 하라고 그러시는지. 제 마음대로 나가서 컵라면 사 먹는 걸 어떻게 하라고."

엄마는 주방으로 가며 중얼중얼거렸다. 그런데 중얼거리는 소리가 너무 컸다. 할머니가 그 말을 듣고 말았다.

"너 지금 나한테 말대답하는 거냐? 내가 야단 좀 쳤다고 기분

이 그렇게도 나쁘냐? 내가 하는 말이 다 민선이를 위해서인데 그게 그렇게 기분 나쁘냐고?"

"어머니. 아니에요, 그게 아니고요."

엄마가 깜짝 놀라 할머니 손을 잡았다. 할머니는 엄마 손을 뿌리쳤다. 엄마는 그게 아니라며 내가 잘못한 일을 말하려고 했다. 하지만 할머니는 엄마 말을 들으려고 하지 않았다.

"아이고, 내가 상관하지 말아야지. 뭐 민선이가 네 딸이지 내 딸이냐?"

할머니는 갑자기 벌떡 일어나더니 소파 위에 놓인 가방을 집어들었다. 그러더니 뒤도 돌아보지 않고 현관으로 걸어갔다.

"어머니, 왜 그러세요?"

엄마가 당황해서 할머니 앞을 가로막았다.

할머니는 힘이 셌다. 한 손으로 엄마 어깨를 밀치자 엄마는 옆으로 서너 걸음 튕겨져 나갔다. 할머니는 더는 잡을 시간도 주지 않고 현관문을 벌컥 열고 나가 버렸다.

엄마가 잔뜩 울상을 지으며 할머니를 따라 나갔다.

'이제 큰일 났다.'

나는 지금 내 앞에서 벌어진 일들이 마치 꿈을 꾸는 것처럼 느껴졌다. 할머니가 원래 성질이 급하고 무섭기는 하지만 오늘은 더 심했다.

한참 후에 엄마가 혼자 들어왔다.

"민선이 너 정말."

엄마는 집에 들어서자마자 발로 거실을 쾅쾅 구르며 화를 냈다. 나는 두 눈을 꼭 감았다. 진짜 큰일이다.

"너 왜 먹지 말라는 거는 사 먹어서 이 난리를 피워? 그리고 왜 하필이면 할머니 앞에서 컵라면을 먹었느냐고?"

엄마는 주먹으로 가슴을 쿵쿵 치며 말했다. 아니, 뭐 내가 할머니 앞에서 먹고 싶어서 먹은 게 아니고 먹고 있는데 할머니가 들어온 거지. 그러니까 편의점에는 내가 먼저 들어갔던 거지. 나는 이 말을 하려고 입을 오물거렸다. 그런데 그 때 엄마가 소리를 치는 바람에 그 말이 도로 목 안으로 넘어갔다.

엄마는 좀 전에 할머니가 엄마를 야단치는 것처럼 나를 야단쳤다. 무슨 말도 못하게 하고 혼자서 소리소리 질렀다. 나는 엄마가 할머니 앞에서 두 손을 모으고 공손하게 야단맞은 것처럼 똑같이 했다.

한참 야단을 맞고 있는데 아빠가 왔다.

"집안이 왜 이렇게 시끄러워?"

아빠는 나와 엄마를 힐끗 보더니 집안을 둘레둘레 둘러봤다.

"오늘 어머니 오신다고 했는데 안 오셨나?"

아빠가 엄마에게 물었다. 엄마는 대답 대신 한숨을 푹 쉬었다.

"민선아. 할머니 안 오셨니?"

아빠가 나에게 물었다.

"오셨는데 가셨어요. 화나서."

나는 기어들어가는 목소리로 대답했다.

"아주 자랑이다."

엄마가 팔짱을 끼고 나를 쏘아봤다. 내가 무슨 자랑을 했다고. 아빠가 물으니까 대답한 것뿐인데. 아빠는 내 말이 무슨 뜻인지 이해가 되지 않는지 고개를 갸웃거렸다.

"민선이가 편의점에서 컵라면을 사 먹었는데 어머니가 그걸 보신 모양이야. 애한테 그런 걸 먹게 한다고 한바탕 야단치시고 도로 시골로 가셨어."

엄마는 여전히 나를 무섭게 바라보며 말했다.

"도로 가셨다고? 잡지도 않았어?"

아빠는 어이가 없는 표정이었다.

"잡았지."

"그런데 왜 그냥 가셨어?"

"큰길까지 쫓아가며 잡아도 그냥 가시는 걸 어떻게 해?"

"꽉 잡았어야지."

"어머니가 힘이 얼마나 센지 당신도 알잖아. 나를 뿌리치시는데 그 바람에 길에서 넘어질 뻔 했어."

엄마가 아무리 그렇게 말해도 아빠는 할머니를 꽉 잡지 않았다고 화를 냈다. 아빠가 목소리를 높이면 엄마 목소리도 덩달아 커졌다.

컵라면 하나 때문에 난리가 나도 아주 큰 난리가 났다. 엄마와 아빠는 저녁도 먹지 않고 다퉜다.

"김민선!"

아빠와 다투던 엄마가 휙 돌아서더니 갑자기 집안이 떠나가게 내 이름을 불렀다.

"너 앞으로 라면 먹다가 들키면 한 달 용돈을 싹 없애 버릴 거야. 한 달 동안 거지처럼 지내, 알았어? 조각피자 먹다가 들켜도 그렇고, 햄버거 먹다가 들켜도 그런 줄 알아."

조각피자가 안 되면 그냥 피자는 되느냐고 묻고 싶은 걸 간신히 참았다.

"대답 안 해?"

엄마 목소리에 귀청이 떨어질 것 같았다. 나는 대답 대신 고개를 끄덕였다.

굶어죽지 않으려면

나는 점심시간에 반찬으로 나온 돈가스를 보고 눈이 반짝 빛났다. 그동안 밥을 먹는 둥 마는 둥 했더니 꼭 매일 굶은 것처럼 배가 고프고 허전했다. 돈가스가 라면이나 피자보다는 맛없다. 하지만 채소 반찬보다는 훨씬 낫다. 나는 재빠르게 급식 줄을 섰다.

"나는 샐러드는 빼고 돈가스만 줘."

나는 급식 당번에게 말했다. 햄버거에 들어있는 채소는 괜찮은데 이렇게 반찬으로 나오는 채소는 먹기 싫었다.

"나도."

내 뒤에 선 우람이도 내 말을 따라했다.

"안 돼. 선생님이 반찬은 가리지 말고 다 먹으라고 했어."

급식 당번은 보란 듯 돈가스는 몇 개 담지 않고 야채 샐러드만 잔뜩 담았다. 언뜻 봐도 돈가스는 다른 아이들보다 적었고 야채 샐러드는 훨씬 많았다.

나는 급식 당번에게 따지려다 입을 다물었다. 창가에 앉아 있던 선생님이 이쪽을 보고 있었다.

"에게? 돈가스는 겨우 네 개만 얹어주고 왜 샐러드만 많이 줘? 이거 봐. 다른 아이들보다 두 배도 넘겠다. 도로 덜어 내."

눈치 없는 우람이는 급식 당번 코 밑에 식판을 들이밀고 따졌다.

"안 돼. 선생님이 다 먹으라고 했어."

급식 당번은 반찬 집게를 흔들며 고개를 내저었다. 우람이는 씩씩거리며 급식 당번을 쏘아봤다.

"선생님~~"

급식 당번이 코에 바람을 잔뜩 넣은 코맹맹이 소리로 선생님을 불렀다. 선생님은 불러주기를 기다렸다는 듯 벌떡 일어나더니 성큼성큼 걸어왔다. 나는 얼른 자리로 돌아왔다. 우람이도 선생님 눈치를 보며 야채 샐러드가 산처럼 쌓인 식판을 들고 울상

이 되어 들어왔다.

"오늘은 식판 검사 철저하게 할 거야. 3학년이면 한창 자랄 시기야. 편식하면 건강에도 안 좋고 성장에도 방해가 돼. 뇌도 충분한 영양을 공급받지 못하면 활발하게 움직이지 못해. 받은 것은 싹싹 긁어먹도록 해."

선생님은 아이들을 둘러보며 힘주어 말했다.

"내거 다 먹을래?"

나는 샐러드를 크게 한 젓가락을 집어 짝꿍 현지에게 내밀며 물었다. 현지는 아무 말 없이 샐러드를 받았다. 이게 웬 떡이냐 싶어 나는 다시 한 젓가락 더 집어 현지 식판에 옮겼다. 그래도 현지는 가만히 있었다. 나는 샐러드를 박박 긁어 현지 식판에 놨다. 기분이 좋아 웃음이 곰실곰실 넘어왔다.

"고마워."

나는 현지에게 진심으로 말했다.

"현지야. 내거도."

뒤에 앉은 우람이가 애원하듯 말했다. 현지가 뒤돌아봤다.

"내거도 다 먹어 줘."

우람이 말에 현지는 우람이 샐러드를 한 젓가락 집어 자기 식판에 옮겼다.

'현지는 아무 거나 잘 먹지만 채소도 참 좋아하는군.'

나는 이렇게 생각하며 돈가스를 집어 들었다. 돈가스를 입에 넣으려고 할 때였다. 갑자기 현지가 내 팔을 툭 쳤다.

"다 먹으라면서?"

현지는 내 식판을 들어 돈가스는 물론 밥과 다른 반찬도 자기 식판에 쓸어 담았다. 그 모습을 보자 우람이는 두 팔로 자기 식판을 가렸다.

"그런 게 어디 있어?"

샐러드를 가져가 주는 것은 참 고마운 일이지만 돈가스는 아니다. 나는 소리를 빽 질렀다.

"누가 밥 먹다가 이렇게 시끄럽게 해?"

그 때 선생님이 무서운 눈으로 바라봤다. 나는 얼른 입을 다물었다. 공연히 나섰다가 먹기 싫은 걸 친구한테 주려고 했다고 야단맞을 게 뻔했다.

나는 꼬르륵 거리는 배를 움켜쥐고 현지가 밥먹는 거만 구경했다. 현지 입으로 돈까스가 들어갈 때마다 침이 꼴깍 넘어갔다. 나는 현지를 바라보지 않으려고 눈을 다른 곳으로 돌렸다.

그런데 우람이가 고개를 책상 밑으로 숙이고 뭔가를 열심히 하고 있었다.

'뭐하는 거지?'

나는 의자를 당겨 우람이에게 조금 더 가까이 다가갔다.

우람이는 샐러드에서 당근과 오이를 꺼내 교실 바닥에 버리고 책상 다리로 보이지 않게 감추고 있었다.

'나도 저렇게 할 걸.'

공연히 현지한테 줘서 돈가스까지 먹지 못한 게 억울했다. 우람이는 참 머리도 좋다는 생각이 들었다.

"자, 이제 다 먹었지? 식판 검사하자. 모두 책상 줄 좀 맞추고 똑바로 앉아 있어."

선생님이 창가 쪽부터 천천히 돌기 시작했다. 선생님은 매서운 눈으로 식판 검사를 했다.

선생님은 내 식판을 보고 입꼬리를 살짝 올렸다. 현지가 얼마나 깨끗하게 긁어갔는지 내 식판에서는 빛이 났다.

"아아아악."

뒤로 갔던 선생님이 갑자기 소리를 질렀다. 그러더니 쿵! 하고 교실바닥에 엉덩방아를 찧었다. 선생님은 앉은 채 엉덩이를 비비며 얼굴을 찌푸렸다.

"와하하. 선생님 엉덩방아 찧었다. 어떡해!"

누군가 큰소리로 웃었다.

"야, 너는 지금 선생님이 넘어졌는데 웃음이 나오니?"

그러자 누군가 웃은 아이에게 쏘아붙였다.

선생님이 엉거주춤 일어나면서 엉덩이에 눌려 납작해진 당근과 오이를 집어 들었다. 그걸 본 우람이가 얼굴이 벌게져서 어쩔 줄 몰라 했다.

"선생님이 책상 줄 맞추라고 해서 그렇잖아요. 책상 다리로 잘 감춰 놨었는데."

우람이는 멋쩍은지 선생님을 탓했다.

"우람이는 내일부터 선생님 자리 옆에서 점심 먹도록!"

우람이는 벌 중에서 아주 큰 벌을 받고 말았다.

점심을 먹지 않았더니 어지러웠다. 아주 조금이라도 먹는 것과 먹지 않는 것의 차이는 엄청나게 컸다. 눈앞에 별이 우수수 쏟아지기도 하고, 귀에서 윙~하고 자동차 가는 소리가 들리기도 했다.

수업이 끝나고 교문을 나서며 주머니에 손을 넣는 순간 내 머릿속에는 환한 불이 켜졌다. 가슴이 쿵쾅거리기까지 했다. 나는 조심스럽게 주머니 속에 만져지는 것을 꺼냈다. 돈이 맞았다. 나는 이 돈이 무슨 돈인지 기억을 해 내려 집중했다.

빨간 점퍼! 빨간 점퍼를 내가 언제 입었더라?

아, 맞다! 나는 손뼉을 탁 쳤다.

엊그제 준비물을 사라고 엄마가 오천 원을 주었다. 준비물 사는데 3200원을 쓰고 잔돈을 받았는데 엄마에게 주는 걸 깜박 잊고 있었다. 엄마도 잊고 있는 게 확실했다.

나는 망설이지 않고 아파트 상가에 있는 분식집으로 달려갔다. 그러고는 조금도 망설이지 않고 조각피자를 하나 샀다.

나는 분식집으로 들어가 앉아 조각피자를 먹었다. 먹는데도 침이 나왔다. 눈물이 날 정도로 맛있었다.

조각피자 하나는 너무 적었다. 먹어도 먹은 거 같지 않았다. 피자를 쥐었던 손가락까지 쪽쪽 빨고 난 뒤 고개를 들었다.

"어!"

나는 얼마나 놀랐는지 잠깐 숨이 쉬어지지 않았다. 바로 앞에 엄마가 버티고 서 있었다. 하필이면 내가 앉은 자리는 창가 자리였다. 말이 창이지 통유리로 되어 있다. 유리 건너편에 서 있는 엄마 얼굴이 점점 일그러지고 있었다.

엄마는 손가락을 까닥이며 빨리 나오라는 신호를 보냈다. 분식집 밖으로 나가는 잠깐 동안에 백 가지도 넘는 생각이 한꺼번에 떠올랐다.

'무슨 돈으로 사 먹었느냐고 물어보면 뭐라고 하지? 용돈도 안 준다고 하겠지? 나 때문에 할머니가 시골로 돌아가고 아빠랑 다툰 얘기도 하겠지. 그러고도 이런 게 먹고 싶으냐고 묻겠지?'

아아악! 머리가 폭발할 것 같았다.

"무슨 돈으로 사 먹었어?"

딱 맞혔다.

나는 대답하지 못하고 우물쭈물거렸다. 엄마는 무슨 생각을 골똘하게 했다.

"아, 그래! 엊그제 오천 원 줬는데 잔돈을 엄마한테 안 줬지? 혹시 그 돈 썼니? 맙소사!"

엄마는 기가 차다는 눈빛으로 나를 바라봤다.

"오늘부터 용돈은 십 원도 주지 않을 거야. 준비물은 엄마가 직접 사다 줄 거고, 알았어? 집에서 주는 음식과 학교에서 먹는 급식 외에는 다른 거는 단 하나도 못 먹는 줄 알아?"

엄마 목소리가 얼마나 무서운지 몸이 오소소 떨릴 정도였다.

"그러다 굶어죽으면 어떻게 해?"

정말 나도 모르게 나온 말이다. 아차! 나는 얼른 손바닥으로 입을 막았다. 지금은 이런 말을 하지 않은 게 훨씬 좋은데.

"굶어죽지 않으려면 밥이랑 친해지려고 노력해 봐."

그게 노력한다고 되는 게 아니다. 피자는 혼자 한 판을 다 먹을 수 있어도, 햄버거는 2인분을 뚝딱 먹을 수 있어도 이상하게 밥이나 다른 음식은 아니다. 조금만 먹어도 구역질이 올라오고 냄새조차 맡기 싫은 것도 있다.

"나는 매일 밥하고 감자, 고구마만 해 줄테니 그런 줄 알고."

엄마는 쌩하니 바람을 가르며 앞서갔다.

큰일이다. 벌써부터 눈앞에 내가 좋아하는 음식들이 떠올랐다. 이제 먹기 힘들다는 생각을 하자 눈물도 핑 돌았다.

'에이, 설마. 딸을 굶어 죽게 놔두기야 하겠어?'

아무리 나쁜 엄마라고 하더라도 그러지는 않을 거다.

"이게 뭐지?"

이마에 뭔가 톡 솟은 게 만져졌다. 나는 얼른 거울을 봤다. 이마 중간에 좁쌀만한 게 올라와 있었다. 똥을 누고 나서 다시 거울을 보니까 그새 두 개로 늘어나 있었다.

"엄마, 이게 뭐야?"

나는 솟은 거를 손톱으로 쥐어뜯으며 주방으로 갔다.

"이게 뭐지?"

엄마가 나물 무치던 손을 멈추고 이마에 솟은 것을 자세히 봤다.

"열 살인데 벌써 여드름 날 시기도 아니고 이상하네. 어머! 여기도 났네."

엄마가 눈두덩이 위를 턱으로 가리켰다. 나는 얼른 엄마가 가리킨 곳을 더듬었다. 이마에 난 것보다 더 컸다.

"뭘까? 이따 학교 마치고 피부과에 가 보자."

"병원?"

나는 병원이라는 말에 얼굴부터 찡그렸다. 그러면서 엄마 눈치를 봤다. 침이 꼴깍 넘어가며 긴장이 되었다. 이 기회를 놓치면 안 된다.

"병원 가지니까 또 얼굴부터 찡그리네. 아무 말 하지 않고 병원에 가면……."

엄마가 말을 하다말고 입을 집게처럼 꽉 다물었다. 아무 말하지 않고 병원에 가면, 뭐? 나는 두 손을 모아쥐고 엄마의 다음 말을 기다렸다.

나는 병원에 가는 걸 싫어한다. 하긴 병원에 가는 걸 좋아하는 아이는 이 세상에 단 한 명도 없겠지만 말이다. 엄마는 회사에 다닐 때 내가 아프면 퇴근을 한 다음에야 병원에 갈 수 있었다. 거의 병원이 끝날 시간에 가서 얼른 진료를 받아야 하기 때문에, 병원 가는 날은 서둘러야 했다. 그런데 엄마가 마음이 급하거나

말거나 나는 병원에 가지 않겠다고 떼를 썼다. 그러면 엄마는,

'병원 가면 대신 네가 원하는 거 들어 줄게.'

이러곤 했다. 나는 뭔가 갖고 싶거나 가고 싶은 곳이 있으면 병원에 가는 날을 이용했다.

오늘이 딱 그런 날이다.

엄마는 입을 다물고 나를 잠깐 바라보더니 나물을 다시 무치기 시작했다.

"아무 말 않고 병원 가면 뭐?"

나는 기다리다 못해 물었다.

"아니야. 병원 가기 싫으면 관둬. 엄마가 이제 바쁘지 않으니까 아무 때나 가도 되거든. 네가 가고 싶을 때, 아니면 너무 아파 견딜 수 없을 때 말해. 그 때 가자."

엄마는 시큰둥하게 말했다.

"어서 학교 갈 준비하고 밥 먹자. 오늘 아침 반찬은 콩나물 무침에 시금치 국인데, 먹으려면 먹고 말려면 말고."

엄마는 시금치 국의 간을 보려고 뒤돌아섰다. 엄마 등을 바라보는데 자꾸 눈물이 나왔다.

나는 가방을 챙겨들고 집에서 나왔다. 밥은 한 숟가락도 먹지 않았다. 그래, 좋다고, 좋아! 나도 고집이 있다고. 절대 엄마한테

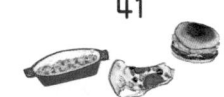

안 져. 안 먹는다고!

　　공책에 글씨를 쓰려고 연필을 쥐는데 손이 떨렸다. 배가 고파서 떨리는 거 같지는 않은데. 요즘 밥을 제대로 먹지 않았더니 이상하게 배도 별로 고프지 않았다. 내 배가 이제는 우리 주인이 먹을 거를 주지 않는구나, 라고 생각하고 잠만 자는 것 같았다. 그런데 배도 별로 고프지 않은데 왜 손이 떨리지?
　　나는 겁이 덜컥 났다. 설마 내가 나쁜 병에 걸린 거는 아니겠지. 그 생각을 하자 공연히 서글픈 마음이 들며 코끝이 짠해졌다.
　　학교 영양사 선생님하고 엄마하고 약속을 했는지, 급식 반찬에 또 콩나물과

시금치가 있었다. 다행히 갈비찜이 있어서 밥을 먹었다.

학교가 끝나고 기운 없이 집에 돌아오니 엄마가 없었다.

나는 텔레비전을 켰다. 텔레비전에서는 광고가 한창이었다.

"와!"

나는 텔레비전 앞으로 바짝 다가갔다.

인기 개그맨 김동동이 새로 나온 라면 광고를 하고 있었다. 이마에 땀이 송송 솟은 김동동은 라면을 먹고 또 먹고, 다시 먹었다. 면발이 쫄깃하고 구수한 국물 맛 이 둘이 먹다 하나가 죽

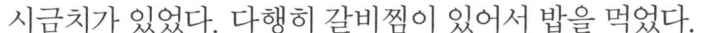

어도 모를 정도라고 말했다.

"좋겠다."

나는 진심으로 김동동이 부러웠다. 침이 자꾸만 솟아 입가를 타고 질질 흐르려고 했다. 나는 정신을 차리고 채널을 돌렸다. 이쪽 화면에도 김동동 얼굴이 꽉 차 있었다. 김동동은 피자를 먹고 있었다. 치즈가 줄줄 늘어지는 피자를 볼이 불룩하게 입에 넣고 신 나게 씹었다.

"진짜 좋겠다!"

나는 팔뚝으로 눈가를 쓰윽 문질렀다. 피자와 라면이 꼭 헤어져서 만날 수 없는 가족처럼 느껴졌다. 텔레비전 화면 속으로 뛰어 들어가 피자 상자를 덥석 안고 엉엉 울고 싶었다.

나는 주방으로 달려가 싱크대 문을 모두 열어젖혔다. 혹시 라면 하나라도 남아있을까. 나는 냉동실도 열었다. 가끔 들어있던 냉동피자가 남아 있을 수도 있으니까. 하지만 없었다.

띠띠띠띠!

현관 번호키 누르는 소리가 들렸다. 나는 재빠르게 거실로 가서 텔레비전을 껐다.

"왔니? 학원 안 가고 뭐 해? 식탁 위에 고구마 쪄 놨으니까 먹고 학원 가."

엄마는 시장에 다녀오는 모양이었다. 시장바구니 밖으로 파와 시금치, 양배추가 삐져나와 있었다. 아침에도 시금치 반찬이더니 또 시금치를 사왔다.

"세탁기 돌려놓고 나갔는데 다 돌아갔겠다. 빨래 구겨지기 전에 어서 널어야지. 민선아, 이것 좀 식탁 위에 갖다 놔."

엄마는 베란다로 나갔다. 나는 거실 바닥에 엄마가 놓은 지갑과 시장바구니를 들고 주방으로 갔다. 시장바구니가 엄청나게 무거웠다. 돈이 얼마나 들어있는지 지갑도 무거웠다. 지갑을 열고 돈 구경이라도 하고 싶었다.

"이게 뭐지?"

파 옆에 종이가 달랑달랑 붙어 있었다. 영수증이다. 나는 영수증을 식탁 위에 올려놓으며 들여다봤다. 맛없는 것만 사는데 돈을 많이도 썼다. 내 눈에는 엄마가 산 것들이 다 쓸데없는 것으로 보였다.

"어?"

영수증 맨 아래를 읽던 나는 눈을 크게 떴다.

'대박이벤트. 100% 당첨 확실. 홈페이지에 들어가 번호를 입력하면 바로 당첨 확인. 1등 세탁기, 2등 가습기, 3등 치약 한 세트, 4등 비누 세트, 5등 라면 6개입 한 세트'

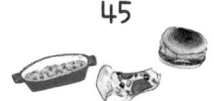

정말 대박이다! 내 눈에는 세탁기도 안 보이고 가습기도 안 보였다. 오로지 라면만 보였다.

나는 영수증을 들고 방으로 들어왔다.

"5등만 되게 해 주세요. 제발이요."

나는 누군가에게 기도를 했다.

잽싸게 컴퓨터를 켜고 사이트에 들어갔다. 영수증에 써 있는 번호를 입력하고 기다렸다. 사람들이 많이 접속하는지 화면이 느리게 움직였다.

"민선아. 학원 안 가?"

엄마가 밖에서 소리쳤다.

"가, 간다고. 빨리, 빨리."

나는 컴퓨터 자판을 치며 재촉했다.

화면이 쓰윽 바뀌며 '축 5등' 이라는 글자가 떴다.

"됐다!"

나는 펄쩍펄쩍 뛰었다.

라면이 자그마치 6개가 생긴다. 벌써 라면 끓는 냄새가 나는 것 같았다. 당첨자는 영수증을 가지고 마트로 오라고 했다. 나는 영수증을 주머니 깊숙이 넣었다. 그리고 학원 가방을 들고 방에서 나왔다.

"이상하다."

엄마가 거실과 현관 앞을 서성이고 있었다.

"영수증을 어디 흘린 모양이네. 가계부에 붙여야 하는데."

그 말을 듣는 순간 간이 콩알만해졌다. 나는 눈에 힘을 주며 아무렇지도 않은 표정으로 집에서 나왔다.

"야호!"

현관문을 닫자마자 나는 바람처럼 내달렸다. 엘리베이터도 타지 않고 계단으로 쌩하니 내려왔다.

심부름할 때는 머나먼 마트였다. 그런데 오늘은 금세 도착했다.

영수증을 보여주고 라면 세트를 받았다. 그런데 세상에 이런 일이! 라면 6개가 들어있는 봉지 옆에 또 하나가 테이프로 붙여져 있었다. 합이 7개였다.

"너는 재수가 좋구나. 하나 더 붙어있는 라면이 몇 개 있었는데 마침 걸렸네."

마트 아줌마가 말했다.

나는 신이 나서 라면을 하나씩 가방에 넣기 시작했다. 책을 한쪽으로 밀고 라면을 쌓았다. 7개가 들어가니 가방이 꽉 찼다.

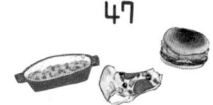

나만의 비밀

엄마가 시장에 가는 시간은 거의 비슷했다. 어떤 날은 내가 학교에서 돌아오고 난 다음에 갔고, 어떤 날은 학교에서 와 보면 없었다.

"엄마. 시장에 매일 가?"

나는 슬쩍 엄마에게 물어봤다.

"그럼. 매일 가지. 그래야 싱싱한 거를 살 수 있거든. 오전에 청소랑 빨래하고, 점심 먹고 나서 좀 쉬어. 그러고 난 다음 민선이 네가 먹을 간식 준비해 놓고 시장에 가."

흥! 나 먹으라고 준비하면 뭘 해? 나는 단 한번도 엄마가 삶아 준 고구마나 감자, 옥수수를 먹지 않았다. 저녁에 엄마가 텔레비전을 보면서 다 먹었다. 그러니까 엄마는 엄마가 먹을 간식을 준비하는 거나 마찬가지다.

그럼 내가 집에서 라면을 끓여 먹을 수 있는 시간은 엄마가 시장에 갔을 때다.

학교에서도 내내 라면 생각만 하다가 집에 돌아와 보니 엄마가 없었다.

오예!

나는 재빠르게 냄비를 렌지에 올렸다. 라면 한 개를 다 집어넣으려다 생각했다. 한 개씩 먹으면 금세 다 먹게 된다. 그러면 너무 아쉽다.

나는 라면을 반 개만 끓였다. 라면 수프도 반만 넣었다. 그러면 14번을 먹을 수 있는 거다.

보글보글!

라면이 끓으면서 맛있는 냄새가 집안 가득 찼다. 나는 베란다 문을 활짝 열고, 창문이라는 창문은 다 열었다.

"라면, 진짜 맛있다."

라면을 먹는데 자꾸 눈물이 나오려고 했다. 눈물은 기쁠 때도 나온다는 말이 정말인 거 같았다.

반 개는 적었다. 그래도 할 수 없다. 많이 먹는 거도 중요하지만 오래 먹는 거도 중요하니까.

라면을 먹자마자 방석을 들어서 여기저기 휘두르고 다녔다. 엄마가 오기 전에 라면 냄새가 빠져야 한다.

라면 냄새가 다 빠진 다음 나는 아무 일도 없었다는 듯 신 나게 학원에 갔다.

학원에서 공부를 하면서도 공연히 피식피식 웃음이 나왔다. 책상 밑에 감춰 둔 라면을 생각하면 신이 나고 기뻤다.

"민선아. 나와서 문제 풀어 보라니까. 김민선!"

나는 내 이름을 부르는 소리에 정신이 번쩍 들었다.

"나오라고 몇 번이나 말하는데 안 들려?"

수학 선생님이 칠판을 두드리며 말했다. 나는 앞으로 나가 칠판에 적어놓은 문제를 바라봤다. 문제가 꼭 처음 보는 거 같았다. 내가 언제 이런 걸 배웠는지 기억도 할 수 없었다. 나는 이마를 벅벅 긁으며 문제만 뚫어져라 쳐다봤다.

"이마 좀 그만 긁고 어서 문제 풀어."

선생님이 재촉하면 재촉할수록 문제는 더욱 더 처음 보는 것

처럼 느껴졌다. 내가 계속 서 있기만 하자 선생님은 안 되겠는지 들어가라고 했다.

"그런데 민선이 네 이마에 뭐가 그렇게 잔뜩 났니? 피부가 영 안 좋다."

선생님이 내 이마를 가만히 바라보더니 말했다. 저절로 이마에 손이 갔다. 불룩 튀어나오고 오돌도돌한 것들이 몇 개 만져졌다.

"이상하게 집에서 가끔 라면 냄새가 나는 거 같아. 특히 밖에 나갔다오면 더 그렇더라고. 당신은 퇴근해서 들어올 때 그런 거 못 느꼈어? 내 코는 사냥개 수준인데."

저녁을 먹으며 엄마가 아빠에게 물었다. 그러면서 나를 힐끔 쳐다봤다.

"내가 뭐어?"

나는 화를 내며 집에서 라면 냄새가 나든 곰발바닥 냄새가 나든 나하고는 상관없다는 듯 억울한 표정을 지었다. 겉으로는 그랬지만 가슴은 터질 듯 뛰었다. 엄마가 뭘 알고 그러는 건가? 그러면 어쩌지?

"나는 잘 모르겠는데. 예전에 하도 라면을 많이 끓여먹어서 냄새가 집에 배었겠지."

아빠는 별 관심 없다는 듯 시큰둥했다.

"그런가? 하긴 중국집 쉬는 날에 일이 있어서 가본 적이 있는데 음식을 만들지 않는데도 자장면 냄새가 나더라고. 냄새가 배어서 그런 거라고 하더라. 우리 집도 그런가 보다."

엄마는 고개를 끄덕이며 집안을 둘러봤다.

'앞으로는 냄새를 더 조심해야겠어.'

나는 마음속으로 생각했다.

겨우 반 개씩 끓여먹는데도 라면은 금세 줄었다. 별로 먹지도 않은 거 같은데 달랑 하나 남았다. 이제 두 번만 먹으면 끝이다. 누가 나 몰래 내 라면을 훔쳐 먹는 거 같은 기분이 들었다. 7개에 2를 곱하면 14개. 나는 손가락을 꼽아가며 라면을 내가 다 먹었는지 세어 보았다. 내가 다 먹은 거 맞다.

'하나를 네 개로 나눠서 먹을 걸 그랬나?'

문득 후회가 되었다.

마지막 한 개를 반으로 나눠 끓였다. 양을 많게 하려고 냄비에 물을 가득 부었다. 국물이라도 잔뜩 먹으면 더 좋을 거 같았다.

나는 아껴먹으려고 라면 발을 한 개씩, 한 개씩 세어가며 먹었다. 국물도 입맛을 쩍쩍 다셔가며 천천히 마셨다.

마지막 라면 발을 건져 먹고 있는데 밖에서 요란한 소리가 들렸다. 나는 얼른 베란다로 나갔다.

경비 아저씨와 20층 할머니가 싸우고 있었다. 20층 할머니는 원래 사람들과 자주 싸운다. 종량제 봉투에 담아 버려야하는 쓰레기를 20층 할머니는 다른 비닐봉지에 담아 버린다. 음식물 쓰레기를 버리는 것도 그렇다. 20층 할머니는 검은 비닐봉지에 음식물 쓰레기를 담아 몰래 통 옆에 버리고 간다. 그러는 걸 들키지 않으면 싸울 일도 없을 텐데 꼭 들키고 만다. 얼마 전에는 반장 아줌마와 한바탕 싸운 일도 있었다. 반장 아줌마는 20층 할머니에게 공동주택에서 지켜야할 예절과 규칙을 지키지 않는 몰지각한 사람이라고 했다. 몰지각하다는 말이 무슨 말인지 잘 모르겠지만 20층 할머니가 그 말에 화를 내는 걸 보면 나쁜 말인 게 확실하다.

경비 아저씨와 20층 할머니 목소리는 점점 커졌다. 오늘은 무슨 일 때문인지 궁금했다. 나는 베란다에 서서 한참동안 지켜봤다. 눈도 깜박이지 않고 오랫동안 바라봤더니 눈이 아팠다. 나는 고개를 들어 하늘을 한 번 바라본 다음 다시 고개를 내렸다.

"아악."

고개를 내리는 순간 저만큼에서 시장바구니를 들고 낑낑거리며 걸어오고 있는 엄마가 보였다.

"큰일 났다!"

나는 재빠르게 냄비를 닦은 후 방석을 들고 집안을 뛰어다녔다. 엄마 코는 사냥개 코 수준이라는 말이 떠올랐다. 나는 킁킁거리며 냄새를 맡아봤다. 사냥개 코 수준이 아닌 내 코에도 라면 냄새가 났다.

나는 다시 베란다로 뛰어나가 아래를 내려다봤다. 엄마가 경비 아저씨와 20층 할머니가 싸우는 걸 바라보고 있었다.

"아, 어떻게 해."

나는 발을 동동 굴렀다. 그 순간 가스렌지 위에 있는 냄비가 보였다. 뚜껑을 후다닥 열어봤다. 아침에 먹었던 된장찌개였다. 나는 망설이지 않고 가스렌지에 불을 붙였다.

"된장찌개야, 빨리 끓어라, 빨리 끓어라."

나는 된장찌개 앞에서 두 손을 모아 쥐고 간절하게 주문을 외웠다. 드디어 된장찌개가 끓기 시작했다. 냄새만 맡아도 구역질이 올라오는 된장찌개 냄새가 집안에 퍼지기 시작했다. 다른 날은 코를 쥐어 잡고 피하던 된장찌개 냄새가 오늘은 엄청나게 고마웠다.

삐삐삐삐, 삐리릭.

현관문 열리는 소리가 들렸다.

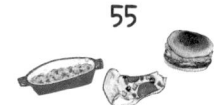

"민선이 왔구나?"

엄마가 주방으로 들어왔다.

"으응."

대답하는데 얼굴이 화끈 달아올랐다. 나는 콩콩 뛰는 가슴을 꾹꾹 누르며 엄마 눈치를 봤다.

"어머. 된장찌개 먹으려고?"

엄마 얼굴이 환해졌다.

"그래, 잘 생각했어. 된장찌개에 밥먹고 가면 든든해서 공부도 잘 될 거야."

엄마는 보글보글 끓인 된장찌개를 식탁으로 옮기고 밥을 수북하게 한 그릇 퍼줬다. 어쩔 수 없이 밥을 먹는데 밥이 목구멍으로 넘어가지 않았다. 누가 목 안에서 넘어가는 밥을 도로 밀어내는 거 같았다.

"된장찌개에 비벼 먹으면 맛있어."

엄마는 된장찌개를 밥에 떠 넣어 쓱쓱 비볐다. 그러고는 크게 한 숟가락 떠서 내 턱밑으로 들이밀었다.

"아, 해 봐."

아악! 내가 정말 엄마 때문에 못산다. 구역질을 해 가며 밥을 받아먹었다. 그래도 라면 끓여 먹은 걸 들키지 않아 다행이었다.

"엄마. 다음 달 용돈은 주는 거지?"

나는 눈물, 콧물까지 흘려가며 밥 한 그릇을 다 먹고 난 다음 엄마에게 물었다. 이번 달에는 라면이나 피자, 햄버거 먹는 걸 들키지 않았으니 당연히 주겠지만 말이다.

"그럼. 줘야지. 어때? 한 달 동안 용돈 못 받으니까 힘들지? 앞으로는 절대 몰래 라면 사 먹고 그러지 마. 이렇게 밥 한 그릇 뚝딱 먹으니 얼마나 좋아."

엄마는 밥그릇을 씻으며 활짝 웃었다.

'다음 달 용돈 타면 라면부터 잔뜩 사다놔야지.'

나는 학원으로 가면서 생각했다. 그러면서 나에게도 혼자 쓸 수 있는 냉장고가 있으면 참 좋겠다는 생각도 했다. 그러면 냉동피자도 사 놓을 수 있고 햄버거도 냉동시켜 놓을 수 있을 텐데 말이다.

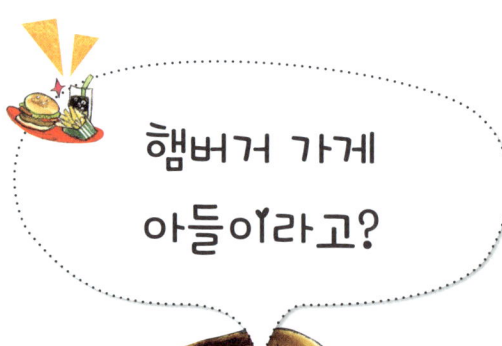

이제 5일만 지나면 용돈을 받을 수 있다. 마지막 남은 라면 반 개도 다 먹었다. 나는 학교에 오자마자 턱을 괴고 앉아 용돈을 받으면 무슨 라면을 사다 놓을까, 생각했다. 김동동이 광고하는 라면을 살까? 신제품에다 맛은 좋지만 비싼 게 흠이다. 맛은 좀 없어도 싼 걸로 사야 오래 먹지 않을까? 내 머릿속에는 온갖 라면들이 구름처럼 둥둥 떠다녔다. 입안에 침이 가득 고였다.

"으흐흐흐."

생각만 해도 웃음이 절로 나왔다.

"어, 저 아이 누구냐?"

나는 현지가 놀라는 소리에 라면 생각에서 빠져나왔다. 웬 남자 아이가 선생님 뒤를 줄레줄레 따라서 들어오고 있었다.

"완전 잘생겼네."

현지가 엉덩이를 살짝 들며 감탄했다.

"선생님. 누구예요?"

아이들이 웅성거리기 시작했다. 잘생겼다는 말, 멋지게 생겼다는 말, 연예인 같다는 말이 쏟아져 나왔다.

"흥. 저 정도 가지고 뭔 연예인?"

우람이가 콧방귀를 뀌었다. 샘이 나서 그러는 게 뻔하다.

"오수민이라고 전학 온 친구예요."

"생긴 거처럼 이름도 멋지네."

누군가 말했다. 그러자 우람이가 수민이라는 이름이 뭐가 멋지냐고 발끈 화를 냈다.

"우람이보다는 낫다. 우람이라는 이름은 듣기만 해도 살이 쪘다는 상상이 되거든."

현지가 말했다.

"살이 찐 거는 현지 너잖아. 돼지처럼 아무 거나 잔뜩 먹어서

"살이 쪘으면서 왜 나한테 난리야."

우람이는 지지 않았다. 때 아닌 우람이와 현지의 싸움이 시작되었다.

"조용! 조용! 수민이가 자기소개를 하도록 하겠어요. 앞으로 사이좋게 지내도록."

선생님이 손바닥으로 탁자를 톡톡 두드렸다. 저 정도의 아이라면 거의 대부분의 아이들이 사이좋게 지내려고 할 거다. 단 하나, 잘난 척만 하지 않으면 말이다.

"저는 오수민입니다. 미국에서 3년 동안 살다가 왔습니다. 저는 햇살 아파트에 살고 있고 아빠는 회사에 다니십니다. 엄마는

햇살 아파트 상가에서 햄버거 가게를 시작합니다."

 음, 미국에서 살다 왔으면 영어도 잘하겠네? 햇살 아파트면 우리 아파트인데, 몇 동으로 이사 왔지?

 가만……. 지금 수민이가 뭐라고 했지? 햇살 아파트 상가에서 자기 엄마가 뭐를 한다고? 나는 정신이 번쩍 들었다. 분명 햄버거 가게를 한다고 했다. 아하, 거기구나! 휴대전화 가게 옆에 며칠 동안 시끄럽고 요란스럽게 실내공사를 하던 곳이 있었다.

나는 허리를 쭉 펴고 수민이를 바라봤다. 수민이와 친하게 지내야겠다는 생각이 파도처럼 넘실넘실 마음속으로 들어왔다.

수민이의 휴대전화도 엊그제 새로 나온 최신식이었다.

'부자인가 보다.'

수민이가 가진 휴대전화 가격이 엄청 비싸다는 말을 들었다. 그렇게 비싼 것을 3학년에게 사 줄 정도면 부자인 게 확실하다. 나는 수민이가 부자인 게 더 마음에 들었다. 수민이와 친해져서 수민이 가게에 놀러 가면 수민이 엄마가 햄버거를 공짜로 줄 거다. 설마 부자가 아들 친구한테 햄버거 값을 받으려고?

수민이는 인기 폭발이었다. 수민이가 자리에 앉자마자 여자아이들은 수민이에게서 눈을 떼지 못했다. 쉬는 시간에 여자아이들은 수민이에게 무슨 말이든지 시키려고 했다. 수민이는 누가 무슨 말을 물어도 웃는 얼굴로 대답했다. 성격까지 좋은 거 같았다.

5교시 미술시간이었다. 나는 수민이가 준비물인 골판지가 없다는 걸 알고 제일 먼저 손을 들었다.

"제가 수민이에게 골판지를 나눠줄게요."

그러고는 선생님이 일어나라는 말도 하지 않았는데 벌떡 일어나서 말했다. 수민이가 내가 주는 골판지를 받으며 활짝 웃었다.

"나도 햇살 아파트 살아."

나는 아이들이 눈치채지 못하게 '골판지는 갚지 않아도 돼', 이 말을 하고나서 재빠르게 말했다.

"그래? 그럼 친하게 지내자."

수민이가 말했다.

'됐어! 야호!'

나는 어깨를 들썩이며 덩실덩실 춤을 추고 싶었다.

"너, 수민이한테 잘 보이려고 그러는 거지?"

자리에 돌아와 앉기 무섭게 현지가 잔뜩 볼멘소리를 했다.

"잘 보이기는 무슨. 전학 와서 준비물이 없으니까 내거 나눠 준 거지."

"수민이 짝꿍이 주면 되잖아? 왜 네가 줘?"

현지는 화까지 냈다. 아니, 내가 현지 골판지를 가져다 수민이를 준 것도 아니고 내 골판지 내가 주는데 무슨 상관이람.

"하여간 여자아이들은 얼굴이 조금 잘난 남자아이를 보면 저 난리들이라니까. 뭐든 아끼지 않고 푹푹 퍼주려고 해."

뒤에서 우람이가 중얼거렸다. 그러면서 한심하다는 듯 혀까지 찼다.

나는 수민이가 잘생겨서 골판지를 준 거는 아니다. 멋있어서 준 것도 아니다. 내가 수민이에게 골판지를 나눠 준 것은 오로지 햄버거 때문이다.

　학교를 마치고 몇몇 아이들은 교실에서 나갈 생각도 하지 않고 수민이 옆에 몰려 있었다. 나는 가방을 싸는 척하며 그 모습을 지켜봤다. 가방에 넣었던 필통을 도로 꺼내고 다시 넣고, 사물함에 가서 가위와 물감을 가져다 가방에 넣었다. 그러다 다시 꺼내 사물함에 넣었다.

"민선이 너는 왜 집에 안 가? 학원 안 늦어?"

청소당번인 우람이가 아는 체 했다.

"설마……."

우람이는 실눈을 뜨고 나를 바라보더니 수민이 뒤통수를 보며 손가락으로 턱을 살살 문질렀다.

"챙길 게 있어서 그랬어."

나는 가방을 메고 발딱 일어났다.

나는 교문 앞을 서성거리며 수민이를 기다렸다.

"대체 뭐하는 거야?"

목을 빼고 교문 안을 하도 쳐다봤더니 나중에는 목이 늘어나는지 아프기까지 했다. 한참 뒤에 현관에서 운동화로 갈아 신는

수민이 모습이 보였다. 그런데 수민이 주위에는 여자아이들 서너 명이 함께 있었다. 언제 따라붙었는지 현지도 있었다.

신발을 갈아 신은 수민이와 아이들이 교문을 향해 걸어왔다. 나는 얼른 내리막길을 뛰어내려와 문방구 앞 뽑기통 뒤로 몸을 숨겼다.

여자아이들은 수민이를 에워싸고 걸어왔다. 무슨 왕자님을 모시고 가는 시녀들 같았다. 뭐가 그렇게 좋은지 저희들끼리 서로 옆구리를 치며 웃었다. 현지는 수민이 어깨에 손을 턱 걸치기도 했다.

나는 멀찌감치 서서 수민이와 아이들 뒤를 따라갔다. 다른 아이들보다 머리통 하나만큼 더 키가 큰 수민이의 뒷모습이 계속 눈에 들어왔다.

'멋있기는 멋있구나. 옷도 멋지게 입었고.'

아까는 햄버거에 쏙 빠져 다른 생각은 하지 못했는데 지금 보니 수민이 뒷모습이 잘생겨 보였다.

현지는 자기 집으로 가는 길이 아닌데도 계속 수민이 옆에서 졸졸 따라갔다. 햇살 아파트가 보이자 갈림길에서 수민이와 아이들은 헤어졌다.

수민이가 다른 아이들과 인사를 하다 나를 봤다. 수민이가 나

를 알아보고 손을 번쩍 들었다.

"너도 햇살 아파트 산다고 했지? 아까 골판지 고마워."

수민이는 나에게 다가오며 말을 걸었다. 나는 수민이와 나란히 걸었다.

"우리 가게 저기야."

모퉁이를 돌아서자 수민이가 상가를 가리켰다. 간판에 그려진 햄버거는 진짜 햄버거처럼 먹음직스러워 보였다.

"맛있겠다."

나는 간판을 보며 침을 삼켰다.

"우리 가게에서 파는 햄버거는 우리 엄마가 직접 만든 거야. 그런데 너는 어느 학원 다녀? 나도 학원 알아봐야 하거든."

"수제 햄버거구나? 너희 가게는 어떤 햄버거가 제일 맛있어?"

"음, 불고기 햄버거도 맛있고 우리 엄마의 특허품인 참치 햄버거도 맛있어. 나는 그림 배우고 싶은데 미술 학원 어디가 좋아?"

"참치 햄버거? 와, 그것도 맛있겠다."

침이 입 밖으로 질질 흘러나오려고 했다. 나는 애써 나오는 침을 삼켰다.

"응. 비린내도 하나도 안 나고 고소해. 그런데 이 동네에 수영장은 있어? 나는 취미가 수영이거든. 토요일과 일요일에는 꼭 수

영장에 가."

"나도 참치 햄버거 먹고 싶다."

갑자기 수민이가 걸음을 멈췄다.

"너, 이름이 뭐라고 했지?"

수민이는 잔뜩 굳은 얼굴로 물었다. 나는 내가 무슨 잘못이라도 했나 싶어 어리둥절했다.

"민선이. 김민선."

나는 조심스럽게 내 이름을 말했다.

"김민선. 너는 왜 자꾸 햄버거 얘기만 해? 내가 뭘 물어도 대답도 하지 않고 왜 햄버거 얘기만 하느냐고?"

수민이는 내 얼굴을 똑바로 바라봤다. 나는 멀뚱거리며 고개를 갸웃거렸다. 수민이가 뭘 물어봤나? 나는 수민이와 햄버거에 대해 말한 거밖에는 생각나지 않았다.

"그야. 니네 엄마가 햄버거 가게를 한다고 하니까……."

기어들어가는 목소리로 변명을 했다. 먹는 거만 생각하는 아이라는 말을 들을까봐 잔뜩 걱정이 되었다.

"아무리 그래도 묻는 말에는 대답해 줘야 되는 거 아니니?"

수민이는 팽 돌아섰다. 지금이라도 다시 물어보며 대답해 줄 수 있는데 수민이는 나를 버려두고 햄버거 가게 안으로 들어가 버렸다. 아직 장사를 시작하지 않은 햄버거 가게 안이 유리문 너머로 훤히 보였다. 수민이 엄마로 보이는 아줌마가 수민이 가방을 받아들고 있었다.

수민이네 가게가 문을 열었다. 가게 앞을 지나가면 고소한 감자튀김 냄새와 햄버거 냄새가 코로 솔솔 들어왔다. 나는 걸음을 멈추고 그 냄새를 맡았다. 코로 들어간 냄새는 목 안을 타고 뱃속까지 들어갔다. 그러면 진짜 감자튀김과 햄버거를 먹은 것만큼은 아니지만 기분이 약간 좋아졌다.

'어휴, 그날 묻는 말에 대답을 잘해줬으면 수민이랑 친해질 수 있었는데.'

그 생각만 하면 후회가 되었다. 그리고 다시 기회가 온다면 수민이와 꼭 친해지고 싶었다.

나는 학교가 끝나자마자 아파트 상가까지 한달음에 달려갔다. 수민이네 햄버거 가게에는 손님들로 넘쳐났다.

'용돈 받으면 꼭 참치 햄버거 사 먹어야지.'

햄버거를 봉투에 담아 나오는 사람을 보는 순간 햄버거 봉투를 빼앗고 싶은 생각까지 들었다.

"여기서 뭐 해?"

침을 삼키고 있을 때 누군가 내 어깨를 툭 쳤다. 그 바람에 입이 벌어지며 고였던 침이 떨어졌다. 수민이었다.

"햄버거 사 먹으려고? 그럼 들어 가."

수민이는 가게 문을 활짝 열었다.

"아, 아니, 아니야."

나는 당황해서 뒷걸음질 쳤다.

"그럼 왜 여기에 있었어?"

그야 뭐. 나는 아무 말도 못하고 눈만 껌벅거렸다.

그 때였다. 빨간색 앞치마를 두른 아줌마가 이쪽을 바라보더니 활짝 웃으며 다가왔다. 진한 눈썹과 날렵한 콧날이 수민이와 똑같은 걸 보니 수민이 엄마인 것 같았다.

"수민이 왔구나? 친구랑 함께 왔네. 어서 들어 와."

"아니에요. 저는……."

돈도 없고 햄버거도 사 먹을 형편이 아니에요, 이 말을 해야 하는데. 나는 엉겁결에 수민이 엄마 손에 끌려서 가게 안으로 들어갔다.

햄버거 냄새가 가득한 가게 안에 들어오자 눈물이 나오려고 했다. 오랜만에 가까이에서 맡는 햄버거 냄새가 말도 못하게 반가웠다.

"뭐 먹을래?"

수민이 엄마가 물었다. 나는 얼른 고개를 저었다.

"먹어. 수민이 친구가 놀러왔으니까 아줌마가 맛있게 만들어 주고 싶어서 그래."

그럼 공짜로 주겠다는 말인가? 나는 얼른 수민이를 바라봤다.

"참치 햄버거 먹어 봐. 우리 엄마가 개발한 거야."

수민이가 턱으로 벽에 붙은 참치 햄버거 사진을 가리켰다. 노릇노릇 잘 구워진 빵에 갈색 소스가 뿌려진 두툼한 고기가 들어 있는 참치 햄버거. 나는 무턱대고 고개를 끄덕였다.

수민이 엄마는 안으로 들어가 햄버거와 감자튀김 그리고 콜라를 들고 나왔다.

참치 햄버거는 보통 햄버거보다 크기가 훨씬 컸다. 빵 사이로

삐져나온 참치구이에서 윤기가 반지르르 났다. 수민이 엄마는 창가 자리에 햄버거 쟁반을 내려놓았다.

"먹고 나서 더 먹고 싶으면 말해."

나는 수민이 엄마가 뒤돌아서자마자 햄버거를 허겁지겁 먹기 시작했다. 맛은 감동이다. 고소하고 달콤하면서도, 매콤하고 새콤했다. 입안에 들어가는 순간 아이스크림처럼 사르르 녹았다. 태어나서 지금까지 먹어본 적 없는 새로운 맛이었다.

나는 숨도 쉬지 않고 햄버거 하나를 먹어치웠다. 그러고 난 다음 또 숨도 쉬지 않고 콜라를 반쯤 마시고 감자튀김을 먹었다.

"진짜 잘 먹네. 그거 다 먹는데 오 분도 안 걸렸겠다. 하나 더 갖다 줄게."

수민이는 놀라운 표정을 지으며 일어났다.

"고, 고마워."

원래는 괜찮아, 됐어, 이렇게 말해야 하는데 냉큼 고맙다는 말이 나왔다.

수민이는 이번에는 숯불고기 햄버거를 먹어보라고 했다. 아무 거라도 좋았다. 햄버거라면 무조건 오케이다!

나는 감자튀김을 먹던 손가락을 쪽쪽 빨아먹으며 햄버거를 가지러 가는 수민이를 바라봤다. 수민이가 자기 엄마한테 가서

뭐라고 말했다. 그러자 수민이 엄마가 나를 바라봤다. 나는 얼른 고개를 돌렸다. 콩알만한 아이가 많이도 먹는다고 흉보는 거는 아닐까?

"헉."

고개를 돌리던 나는 너무 놀라 심장이 멈추는 줄 알았다. 내가 뭘 잘못 보았나, 손등으로 눈을 문지르고 다시 앞을 보았.

유리문 밖에서 팔짱을 끼고 나를 바라보고 있는 저 사람은? 눈을 갸름하니 치켜뜨고 나를 똑바로 보고 있는 저 사람은? 바로 엄마였다!

창가에 앉는 게 아닌데 그랬다. 수민이 엄마가 햄버거 쟁반을 들고 창가 자리로 올 때 찜찜하더라. 아악! 다른 자리도 많은데 하필이면 왜 이 자리람.

나는 재빨리 엄마 눈을 피했다. 이것은 초특급 사건이다. 앞이 캄캄해졌다.

잠시 뒤 나는 살그머니 엄마가 있는 쪽으로 눈을 돌려봤다. 엄마는 여전히 나를 쏘아보고 있었다.

수민이가 숯불고기 햄버거와 감자튀김을 들고 자리로 돌아왔다.

"먹어."

수민이는 친절하게 내 손에 햄버거를 쥐어 주었다. 나는 햄버

73

거를 만지작거리기만 했다.

"빨리 먹어."

수민이가 자꾸 재촉했다.

"왜 그래, 배불러?"

배부르기는. 햄버거 하나 정도에 부를 내 배가 아니다.

수민이가 햄버거를 빼앗아 포장지를 벗겨내고 다시 내 손에 들려 주었다. 나는 햄버거를 얌전히 쟁반 위에 내려놨다.

"왜에?"

수민이가 눈을 동그랗게 떴다.

나는 고개를 숙인채 아무 말도 하지 않았다. 엄마가 갔는지, 아니면 아직도 서서 나를 바라보고 있는지 궁금했지만 돌아볼 수가 없었다.

"그럼 아이스크림 줄까?"

수민이가 물었다.

나는 슬며시 엄마가 있는 쪽을 힐끔 쳐다봤다. 엄마가 없었다.

'갔다.'

나는 고개를 번쩍 쳐들고 숨을 크게 내쉬었다.

"괜찮아. 햄버거 먹으면 돼."

나는 숯불고기 햄버거를 집어 들어 먹기 시작했다. 둘이 먹다

둘이 다 죽어도 모를 정도로 맛있었다. 얼마나 맛이 있는지 엄마 걱정이 쏙 들어갔다. 나는 손톱 사이에 낀 소스까지 말끔히 빨아 먹었다.

"민선이 너는 햄버거를 정말 좋아하는 모양이구나?"

"응. 나는 세상에서 햄버거랑 피자랑 라면이 제일 맛있어. 너는 참 좋겠다. 매일매일 맛있는 햄버거랑 감자튀김 먹을 수 있어서. 이상하게 감자는 햄버거집 감자튀김 말고는 못 먹겠더라."

나는 진심으로 수민이가 부러웠다. 내가 수민이라면 학교에서 돌아와서 간식으로 참치 햄버거 하나 먹고, 학원에 갔다 와서 숯불고기 햄버거 하나 먹고, 저녁으로 또 참치 햄버거 먹고, 밤에 잠자기 전에 숯불고기 햄버거 또 하나 먹겠다. 생각만 해도 신 나는 일이다.

"나는 햄버거 잘 안 먹어. 가끔 한 번씩 먹지만."

"왜?"

"나는 김치하고 밥 먹는 게 제일 맛있더라. 감자도 튀김보다는 쪄먹는 게 더 맛있고. 감자 먹을 때 김치랑 먹는 것도 좋아해. 그래서 내 별명이 김치야. 우리 할머니가 붙여준 별명이야."

김치! 왠지 수민이와는 어울리지 않는 별명이다. 풋! 나도 모르게 웃음이 나왔다. 수민이가 고개를 갸웃거렸다.

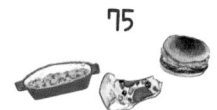

"김치, 하면 왠지 촌스러운 느낌이 들잖아. 너하고는 진짜 안 어울려."

"김치가 왜 촌스러워?"

수민이는 이해할 수 없다는 듯 이맛살을 찌푸렸다.

"뭐, 냄새도 지독하지. 맵기도 하고……."

"그게 촌스러운 거야? 사실은 말이야. 이건 비밀인데."

수민이가 갑자기 주위를 두리번거리더니 내 앞으로 바짝 얼굴을 들이밀었다. 비밀이라는 말에 나는 긴장이 되었다.

"내가 어렸을 때는 변비로 똥을 못 누었거든."

수민이처럼 잘생긴 아이가 똥 얘기를 하니까 김치를 좋아하는 것만큼 어울리지 않았다.

"내가 어렸을 때는 빵이랑 과자, 라면 귀신이었대. 그런 것만 보면 엄청나게 먹어치웠다더라. 그래서 똥도 안 나왔나 봐. 어떤 때는 우리 엄마가 손가락으로 거기를 쑤셔서 똥을 파냈대."

아아! 진짜 수민이와 어울리지 않는 비밀이다.

"거기?"

나는 상상하기 싫은 것을 상상하며 물었다.

"그래, 거기. 거기 몰라? 똥 나오는 곳."

잔잔했던 뱃속이 울렁거리는 것 같았다. 나는 얼굴을 찡그렸다.

"왜 그래? 더러워?"

그럼 더럽지 안 더럽냐? 나는 대답 대신 구역질하는 시늉을 했다. 그제야 수민이는 입을 다물었다.

수민이네 가게를 나서는 순간 그제야 화난 엄마 얼굴이 눈앞에서 왔다 갔다 했다.

현관문을 열고 일단 머리부터 집어넣어 집안을 살폈다. 주방에서 도마질 소리가 들렸다. 나는 뒤꿈치를 들고 살금살금 걸었다. 토미가 뛰어나와 낑낑거리려고 했다. 나는 토미를 안고 토미 입을 손으로 꽉 잡았다.

나는 방으로 들어와 휴지를 돌돌 말아 귀를 막았다.

"민선이 들어온 거니? 김민선!"

엄마 목소리가 천둥소리처럼 집안에 우르릉! 울렸다. 나는 휴지를 귓속 더 깊이 밀어 넣었다.

쿵!

엄마가 방문을 열어젖혔다.

"너, 엄마 몰래 햄버거 자주 사 먹지? 그러니까 밥을 더 먹지 않는 거지. 오늘 아침에도 밥을 안 먹고 가더니 햄버거 먹으려고 그런 거였구나. 도대체 돈은 어디서 나서 사 먹는 거야? 아빠가 엄마 몰래 용돈 주시니?"

엄마 목소리가 얼마나 쩌렁쩌렁한지 귀를 막았는데도 고스란히 들렸다.

"그게 아니고 상가 햄버거 가게 주인이 수민이 엄마야. 수민이 엄마가 나한테 공짜로 준 거라고."

"수민이가 누군데?"

엄마 입이 무시무시하게 크게 벌어졌다.

"친구."

"그 애 엄마는 친구가 가면 모두 공짜로 주는 거야?"

아니, 뭐 친구라고 해서 다 공짜로 주면 안 되겠지. 그럼 돈을 벌 수 없잖아. 하지만 공짜로 주는데 어떻게 해? 먹지 않는다고 해? 햄버거를?

이 말이 너무 하고 싶은데 엄마 얼굴이 너무 무서워서 말을 꿀꺽 삼켰다.

"너 이번 달에는 용돈 주려고 했는데 취소야. 이번 달에도 용돈 없어. 약속이니까 지켜야지. 빨리 학원이나 가."

엄마는 쌩하니 바람을 일으키며 주방으로 가 버렸다.

"알림장 보여주려고 왔지"

아빠는 얼마 전 담배를 끊었다. 담배가 건강에 아주 해롭다고 해서다. 하지만 아빠가 담배를 끊은 진짜 이유는 따로 있다. 엄마와 아빠는 둘 다 40살이다. 하지만 사람들은 아빠가 엄마보다 훨씬 나이가 많은 줄 안다. 아빠는 얼굴이 까맣고 주름이 많은 데다가, 피부도 거칠거칠하다. 엄마는 아빠에게 담배를 하도 많이 피워서 늙어 보인다고 했다. 충격을 받은 아빠는 담배를 끊기로 결심했다.

아빠는 담배를 끊을 때 슬펐다고 했다. 우울한 기분도 들고

　　　　잠을 자려고 눈을 감으면 눈앞에 담배가 둥둥 떠다녔다고 했다. 꿈에서 담배를 품에 안고 엉엉 운 적도 있다고 했다.

　　아빠는 그걸 어려운 말로 '금단현상'이라고 했다. 그때 나는 아빠에게 금단현상이 병이냐고 물었다. 아빠는 병이라고 말할 수는 없지만 무서운 것이라고 했다. 그런데 그걸 꾹 참고 담배를 끊고 났더니 전쟁터에 나가 수백만 명의 적군을 물리친 것보다 더 기뻤다고 했다.

　　며칠 동안 라면도 못 먹고, 햄버거도 못 먹고, 피자도 못 먹었다. 가만히 앉아 있으면 공연히 눈물이 나고 슬프기도 했다. 그리고 공부시간에 라면 냄새가 나기도 하고 피자 냄새가 나기도 했다. 나도 아빠처럼 햄버거 꿈도 꾸었다. 상가 앞을 지나오는데 수민이 엄마가 자동차 운전석에서 얼굴을 내밀고 나를 불렀다. 내가 다가가자 수민이 엄마는 자동차 문을 열었다. 그러자 자동차에서 햄버거가 쏟아져 나오기 시작했다. 햄버거는 끝없이 나

와 산처럼 쌓였다. 그때 엄마가 일어나라고 부르는 바람에 꿈에서 깼는데 햄버거를 하나도 먹지 못한 게 후회가 되었다.

'나도 금단현상인가?'

아무래도 그런 거 같았다.

시간이 지나면서 금단현상은 더 심해졌다. 급식 영양사 선생님에게 쫓아가 점심 급식으로 라면 반찬 좀 달라고 조르고 싶었다. 그러면 백 년 동안 영양사 선생님 심부름을 해 준다고 말하고 싶었다. 이건 진심이다.

요즘 나에게 새로운 버릇이 생겼다. 수민이 옆에만 가면 코를 킁킁거리며 냄새를 맡았다. 수민이에게서 참치 햄버거 냄새가 나는 것 같았고 숯불고기 햄버거 냄새도 나는 것 같았다.

"김민선. 너 수민이한테 잘 보이려고 자꾸 그 앞에서 알찐거리는 거지? 그런다고 수민이가 널 좋아할 줄 아니? 수민이의 이상형은 약간 통통하고 귀여운 사람이래."

현지가 샐쭉하니 말했다. 뭐래, 이상형이고 뭐고 나는 그런 거 관심 없다!

오늘 아침, 엄마가 하도 뭐라고 하는 바람에 청국장에다 밥을 딱 두 숟가락 비벼 먹었다. 청국장은 냄새가 얼마나 지독한지 코를 감싸 쥐고 먹어야 했다. 나는 청국장에 비빈 밥을 먹으며 얼

른 학교에 가서 수민이 냄새를 맡아야겠다고 생각했다.

그런데 수민이가 결석을 했다.

"선생님. 수민이 왜 안 왔어요?"

나는 선생님이 교실에 들어오자마자 제일 먼저 손을 번쩍 들고 물었다.

"오호. 민선이가 수민이한테 관심이 많구나."

선생님이 입을 가리고 웃었다. 그러자 현지가 나를 무섭게 바라봤다.

"수민이는 감기라서 못 온다고 전화 왔었다."

선생님은 여전히 웃음기가 가득한 얼굴로 말했다.

"민선이 너 진짜 웃겨."

현지가 계속 볼멘소리를 했다. 나는 아무 말도 하지 않았다. 이상형이니 뭐니 하는 게 억울하긴 하지만 그렇다고 냄새를 맡고 싶어서 그런다고 솔직하게 말할 수는 없었다.

내가 영양사 선생님 때문에 못산다.

점심 급식 반찬에 된장국이 나왔다. 아침에 먹은 청국장 냄새가 아직도 코끝에서 맴돌고, 트림을 하면 입 안 가득 청국장 냄새다. 그런데 하필 된장국이냐고. 된장국 냄새도 청국장과 비숫하다.

"밥 조금만. 배가 너무 많이 아파."

나는 죽는 시늉을 하며 급식 당번에게 사정사정했다.

"된장국은 딱 한 입만. 배가 정말 정말 많이 아파."

국을 퍼 주는 당번에게는 두 손을 모아 쥐고 통사정을 했다. 그렇게 해서 밥을 딱 두 숟가락만 먹었다.

아침에도 두 숟가락, 점심에도 두 숟가락을 먹었다. 집으로 돌아오는 길에 기운이 하나도 없었다.

수민이네 가게 앞에서 저절로 걸음이 멈춰졌다. 나는 멍하니 수민이네 가게 안을 바라봤다. 마주 앉아 웃는 얼굴로 햄버거를 먹고 있는 사람들이 행복해 보였다. 지금 내가 세상에서 제일 불행하다는 생각이 들었다.

'들어가 볼까? 혹시 수민이 엄마가 햄버거를 줄 수도 있잖아. 왜 왔느냐고 물어보면 할 말도 많아. 수민이가 얼마나 아픈지 걱정이 되어서 왔다고 해도 되고, 숙제랑 준비물이 있는데 알림장을 보여주려고 왔다고 해도 돼.'

그 생각을 하자 두근두근! 가슴이 뛰기 시작했다.

나는 숨을 크게 들이쉰 다음 가게 문을 열었다. 가게 안은 사람들로 꽉 차 있었다. 빈자리도 없었고 햄버거를 사려는 사람들

이 줄을 서 있었다.

수민이 엄마는 엄청 바빴다. 뒤돌아 볼 시간도 없이 햄버거를 만들었다.

"햄버거 주문할 거야?"

그냥 나갈까 말까 망설이는데 주문을 받는 곳에서 웬 꼬마 얼굴이 쏙 나왔다. 얼굴이 동글동글하고 머리를 양 갈래로 묶은 여자아이였다.

"주문 받는 이모가 똥 누러 갔거든. 나한테 말해도 돼."

꼬마는 턱을 치켜들고 말했다. 얼굴만큼 눈도 동글동글했다. 이제 여섯 살이나 일곱 살 정도 되어 보이는 꼬마였다.

"아니야."

나는 손을 저었다.

"아니야? 안 먹어? 그럼 왜 왔어?"

꼬마는 꼬치꼬치 물었다.

"나는 수민이 친구야."

"오빠 친구? 우리 오빠는 아픈데. 아파서 집에 누워있어."

꼬마는 양 갈래 머리를 갸우뚱거렸다.

"알아. 그래서 알림장 보여주려고. 준비물이 있거든."

나는 가방에서 알림장을 꺼냈다.

"우리 오빠는 기침도 많이 하고 열도 많이 나."

꼬마는 알림장을 볼 생각도 하지 않고 말했다.

그 때 똥 누러 갔다던 주문 받는 이모가 돌아왔다. 꼬마는 옆으로 비켜서며 기침하는 흉내를 냈다.

"나도 감기 걸렸는데 병원 갔다 오니까 다 나았어. 우리 오빠는 병원 갔다 와도 더 아파."

꼬마는 알림장에는 관심도 없었다. 하긴 나도 알림장을 보여 주려고 온 거는 아니다.

"뭐 주문할래?"

주문을 받는 이모가 물었다. 그러자 꼬마는 햄버거를 먹으러 온 게 아니라고 대신 말해줬다. 주문을 받는 이모가 나를 아래위로 훑어봤다. 그럼 도대체 이 복잡한 가게에 왜 있느냐는 듯한 눈치였다.

"그럼 왜 왔어?"

주문을 받는 이모는 줄 서 있는 사람들의 주문을 다 받고 나서 물었다.

"오빠 친구래요."

꼬마가 내 대신 말했다.

"친구?"

주문을 받는 이모가 내 얼굴을 보며 물었다. 나는 알림장을 이모 턱 밑에 들이밀었다. 이걸 보여주려고 왔다는 뜻이다.

"이게 뭐냐?"

"알림장이래요. 준비물이 있대요."

또 꼬마가 대답했다.

"아하. 그렇구나. 그럼 수진이 네가 얼른 받아 적어 놔."

꼬마 이름이 수진이인 모양이다. 주문을 받는 이모는 다시 주문을 받기 시작했다.

"저는 어차피 글자 몰라요."

수진이는 고개를 내둘렀다. 수진이가 그 말을 하는데 귀가 번쩍 띄었다.

나는 수민이 엄마가 덜 바빠지면 직접 알림장을 보여주겠다고 말하고 한 쪽에 얌전히 서 있었다.

수민이 엄마가 나를 보면 그냥 알림장만 보지는 않겠지. 햄버거 하나 정도는 손에 쥐어 주겠지. 생각만 해도 설레었다.

"그런데 언니. 뭐 물어봐도 돼?"

우두커니 옆에 서서 내 얼굴을 계속 자세히 바라보던 수진이가 물었다.

"진짜 우리 오빠 친구야?"

"응."

수진이는 눈을 끔벅거리며 다른 쪽으로 얼굴을 돌렸다. 그러더니 잠시 뒤 또 내 얼굴을 쳐다봤다.

"진짜 우리 오빠랑 같은 반이야?"

수진이가 또 물었다.

주문을 받는 이모가 이쪽을 쳐다봤다. 수진이가 그 이모에게 쪼르르 달려갔다. 그러더니 주문을 받는 이모 귀에 대고 뭐라고 한참동안이나 속닥속닥 거렸다.

주문을 받는 이모가 피식 웃더니 나를 한번 쓰윽 보고 다시 주문을 받기 시작했다.

나는 조금 더 서 있다가 수민이 엄마가 너무 바빠보여서 가게에서 나왔다. 왠지 기분이 이상했다.

여드름 나고 늙은 언니

수민이는 하루 더 결석하고 학교에 왔다. 수민이 얼굴에 살이 쭉 빠져 핼쑥해 보였다.

수민이가 교실에 나타나자 여자아이들이 우르르 수민이에게 몰려갔다. 그러고는 걱정을 많이 한 표정을 지으며 떠들었다. 현지는 금방이라도 눈물을 펑펑 쏟을 것 같은 얼굴로 수민이 턱밑에 얼굴을 들이밀고 조잘거렸다.

"민선아. 엊그제 우리 가게에 왔었다면서?"

화장실에 갈 때 수민이가 물었다.

"응. 응?"

나는 깜짝 놀랐다. 내가 가게에 갔던 걸 어떻게 알았을까? 나는 수진이에게 내 이름을 알려주지 않았다. 주문을 받는 이모도 내 이름은 모른다. 수민이 엄마는 바빠서 내 얼굴을 본 적도 없다.

"우리 가게에 왔었다면서?"

수민이가 다시 물었다.

나는 수민이를 뚫어져라 바라봤다. 어떻게 알았을까?

'수민이 엄마가 나를 봤구나.'

그랬을 거다. 나를 봤다면 아는 척 좀 해 주지. 나는 수민이 엄마가 원망스러웠다.

'햄버거를 공짜로 주려니까 아까워서 그랬나?'

그 생각도 들었다.

"내 동생이 너 왔다고 그러더라. 알림장 보여주려고 왔었다고. 고마워."

수민이는 고맙다는 말을 하며 싱긋 웃었다. 참 이상하다. 아무리 생각해도 나는 내 이름을 말해주지 않은 거 같은데.

"네 동생이 나인 걸 어떻게 알았대? 나는 이름을 말해주지 않았는데."

나는 참다못해 수민이에게 물었다.

수민이는 대답하지 않고 우물쭈물 거렸다.

"응?"

나는 재촉했다.

"사실은 우리 수진이가, 수진이가 이마에 여드름이 잔뜩 나고 얼굴이 늙은 언니가 왔다고 그랬거든……."

수민이가 말끝을 흐리며 내 눈치를 봤다.

아주 큰 망치로 뒷머리를 쿵! 얻어맞은 느낌이었다. 머리가 멍하고 눈앞에서 별이 떨어졌다. 그러더니 눈덩이가 시큰하고 얼얼해졌다.

"크크크크큭."

등 뒤에서 마녀 웃는 소리가 들렸다. 현지였다. 수민이가 하는 말을 들은 모양이었다. 현지는 좋아죽겠다는 얼굴로 계속 마녀 웃는 소리를 내며 교실로 들어갔다.

"미안."

수민이는 자기 입을 쥐어뜯으며 화장실로 뛰어갔다.

나는 터벅터벅 화장실로 갔다. 금방이라도 나올 것 같았던 오줌이 쏙 들어갔다.

나는 거울 앞에 서서 내 얼굴을 바라봤다.

"언제 이렇게 많이 났지?"

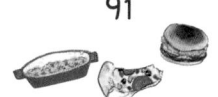

나는 내 이마를 보고 소스라치게 놀랐다. 두 개 정도 솟았던 여드름 비슷한 것이 이제는 이마 전체에 퍼져 있었다. 온통 울긋불긋했다.

"진짜 늙었나?"

나는 나오려는 눈물을 꾹 참으며 거울 속 내 얼굴을 찬찬히 살폈다. 눈물을 참으려고 해도 자꾸 눈앞이 흐려졌다.

"그것 봐. 수민이 이상형은 민선이 너 같은 아이가 아니라니까. 늙었다잖아, 흐흐흐."

현지는 아주 신이 났다.

이상형인지 뭔지 나는 그런 거는 관심이 없다. 그런데 왜 이렇게 자꾸 슬픈 마음이 드는지 모르겠다.

이마에 솟은 것을 쥐어뜯으며 집으로 돌아왔다. 여드름이라고 말하기 싫었다. 나는 이제 고작 열 살이다. 여드름은 목소리가 변하는 6학년 남자아이들이나 중학교에 다니는 언니들에게나 나는 거다.

"아이고, 우리 민선이 왔구나."

현관문을 열자 할머니가 두 손을 번쩍 들고 반겨줬다. 엄마와

다투고 다시는 오지 않을 것처럼 시골로 돌아갔던 할머니다.

"민선이 니네 엄마가 하도 잘못했다고 빌어서 내가 져 줬다. 그래, 우리 민선이 이제는 몸에 안 좋은 음식 안 먹는다면서?"

할머니가 내 얼굴을 두 손으로 잡았다.

"그런데 얼굴이 왜 이 모양이냐?"

할머니는 내 얼굴을 이리저리 돌려보며 물었다.

"요즘 거의 굶고 살아요. 아침밥도 몇 숟가락 먹지 않아요. 학교에서 급식은 어느 정도 먹는지 모르지만 안 봐도 뻔하지요, 뭐. 하지만 곧 먹게 될 거예요. 어머니도 아시잖아요. 아범도 담배를 끊을 때 얼마나 힘들었는지. 민선아. 그렇지 않아도 오늘 병원에 가려고 했는데 어서 준비해. 피부과에 가 보자. 학원에는 하루 결석한다고 말해놨어."

엄마가 지갑을 가지러 안방에 들어갔다. 병원이라는 말에 얼굴이 저절로 찡그려졌다. 하지만 나는 얼른 얼굴을 폈다. 피부과에는 가보고 싶었다. 내 이마에 오돌도돌 난 것의 정체를 알고 싶었다.

"할머니."

나는 힘이 하나도 없는 목소리로 할머니를 불렀다.

"왜? 병원 가기 싫어서? 그래도 한번 가 봐. 이마가 아주 그냥

벌집 같어."

"병원은 갈 거예요. 그게 아니고."

"그게 아니면 뭐?"

"제 얼굴이 늙어 보여요? 열 살 같지 않아요?"

말을 하는데 눈물이 핑 돌았다.

"무슨 그런 얼토당토 안한 말을 하냐?"

할머니가 깜짝 놀라 소리쳤다. 하지만 '네 얼굴은 안 늙어 보여' 이런 말은 하지 않았다. 혹시 할머니 눈에도 내가 늙어 보이는 걸까?

"아무리 그래도 그렇지 애를 굶게 하면 어쩌누?"

엄마가 거실로 나오자 할머니가 말했다.

"곧 먹게 된다니까요."

엄마는 냉정했다.

"민선아. 병원 갔다 오면 할머니가 편의점에서 그 뭐냐, 컵라면 하나 사 줄까? 뭐든 먹어야지."

할머니가 내 귀에 대고 속삭였다. 할머니 말을 듣는 순간 가슴이 와르르 무너지는 것 같았다. 좋지 않은 음식을 먹인다고 매일 엄마를 야단치는 할머니가 갑자기 인심이 좋아진 것은 내 얼굴 탓이 분명하다. 할머니가 보기에도 내 얼굴이 늙어 보이니까 불쌍해서 라면이라도 사 주고 싶은 거다. 나는 할머니 말에 대답하지 않았다.

"으흠."
의사선생님은 심각한 얼굴로 나를 진찰했다.
"인스턴트 식품, 패스트푸드 좋아하지?"
의사선생님은 내가 뭘 좋아하는지 단번에 집어냈다.
"여드름 맞나요? 이제 겨우 열 살인데 여드름이 나기에는 빠른 거 아닌가요? 무슨 문제가 있는 건지요?"
엄마가 걱정스럽게 물었다.
"소아 여드름이라고 해서 유치원 아이들 중에도 여드름이 나는 경우가 있어요. 인스턴트 식품이나 패스트푸드를 즐겨 먹는 아이 중에 그런 아이들이 많지요."
의사 선생님은 간호사를 불러 내 이마를 치료하라고 했다.
나는 간호사가 시키는 대로 병원 침대에 누웠다. 간호사는 약간 따끔거려도 참으라고 했다. 눈을 감고 있으면 더 좋다고 했다.
"으악."
간호사가 내 이마에 솟은 여드름을 짰다. 바늘처럼 뾰족한 것으로 찌르고 무슨 기계 같은 것으로 짜냈다. 약간 따끔한 게 아

니었다. 나는 너무 아파서 눈물을 쏟았다. 간호사는 다 짜고 난 이마에 약을 발라 주었다.

"오늘 약을 줄 테니 아침저녁으로 깨끗하게 소독하고 발라 주도록 해. 그럼 좀 나아질 거야. 하지만 약은 잠깐 동안 효과를 보는 거야. 인스턴트와 패스트푸드를 완전하게 끊어야 해. 그렇지 않으면 이마는 물론 얼굴이 온통 여드름 밭이 될 수 있어."

의사 선생님이 끔찍한 말을 했다.

"선생님."

나는 진찰실에서 나오다 말고 뒤돌아서서 의사 선생님을 바라봤다. 의사선생님이 안경을 추켜올리며 나를 빤히 쳐다봤다.

"제 얼굴, 제 얼굴이 늙어 보여요?"

말을 하는데 콧날이 쨍했다.

"하하하. 그런 음식만 먹으면 피부가 거칠어져지고 늘어져서 늙어 보일 수 있어. 아니, 늙어질 수 있어. 왜냐하면 말이다. 그런 음식에는 우리 몸에 필요한 영양분이 골고루 들어있지 않거든. 키를 크게 하고 피부를 맑게 하는 영양분을 섭취하려면 채소도 많이 먹고 음식을 골고루 먹어야 해. 혹시 똥은 잘 누니?"

나는 의사 선생님 말에 고개를 저었다. 사실 내 똥은 딱딱한 토끼똥이다.

"음식을 먹으면 찌꺼기는 똥이 되어 우리 몸 밖으로 나오지? 그런데 그런 음식을 즐겨 먹으면 변비가 되기 쉬워. 찌꺼기가 나오지 못하고 몸 안에 그대로 쌓여 있다고 생각해 봐라. 몸에 좋겠니? 피부에 좋겠어?"

"아니오."

대답을 하는데 눈물 한 방울이 똑 떨어졌다.

"한 가지 더! 인스턴트 식품이나 패스트푸드를 많이 먹으면 기억력도 떨어져. 공부를 못하게 되는 거야."

그럼 할머니 말이 맞는 거다. 의사 선생님 말을 들으며 엄마 얼굴이 빨개졌다.

엄마는 말없이 앞장서서 걸었다. 나는 큰 잘못을 한 아이처럼 고개를 숙이고 엄마 뒤를 따라갔다.

막 아파트 상가 모퉁이를 도는데 노란색 유치원 차 한 대가 섰다. 그러더니 수진이가 차안에서 튀어나왔다.

"와, 여드름 언니다. 여드름 언니!"

수진이가 나를 보고 손을 흔들며 반가워했다. 나는 못들은 척 얼굴을 돌리고 부지런히 앞만 보고 걸었다.

'기다려. 다음에 너를 볼 때는 여드름이 싹 없어진 보송보송한 얼굴로 변해 있을 거다.'

집에 오니 라면 냄새가 가득했다.

"민선아. 오늘 딱 한 번만 라면 먹어라. 에휴, 얼굴이 아주 반쪽이다, 반쪽."

할머니는 보글보글 끓는 라면 냄비를 식탁 위에 올리며 내 손에 젓가락을 들려 주었다.

"안 먹어요."

나는 힘주어 말했다.

"밥 먹을 거예요."

나는 밥통을 열고 한그릇 가득 밥을 펐다. 보송보송하고 반들반들 빛나는 내 얼굴이 눈앞에 떠올랐다. 나는 청국장 냄비에 불을 붙였다.

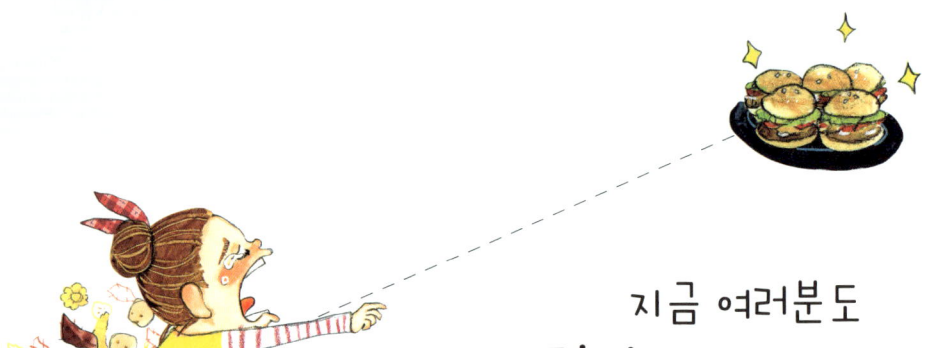

지금 여러분도 **편식**하고 있나요?

사람은 음식을 먹어야 살 수 있습니다.

이 세상에 먹지 않고 살아가는 사람은 아무도 없어요. 어른이나 아이나, 부지런한 사람이나 손 하나 까딱하기 싫어하는 게으른 사람이나, 모두 먹어야 살아갈 수 있습니다. 음식에 들어있는 영양소가 몸에 들어가야 움직이고 생각할 수 있는 힘이 생기기 때문입니다.

음식은 모든 사람에게 꼭 필요한 것이지만 특히 자라나는 어린이들에게는 더욱 중요한 것입니다. 키가 자라고 뼈를 튼튼하게 해 주고, 생각이 자라는 것도 음식 속에 들어있는 영양소 덕이니까요.

영양소는 종류에 따라 우리 몸속에 들어가 하는 일이 각각 다릅니다. 어떤 영양소는 뼈를 튼튼하게 하고 키를 자라게 해 주며, 어떤 영양소는 적당하게 살이 오르게 해 줍니다. 또 피를 맑게 해 주는 영양소도 있고, 머릿속을 맑게 해 주는 영양소도 있습니다.

이렇게 중요한 일을 하는 영양소는 음식을 골고루 먹을 때 빠뜨리지 않고 모두 얻을 수 있습니다. 그런데 요즘 편식을 하는 어린이가 많습니다. 편식을 하게 되면 몸은 균형을 잃게 되고 건강을 지키기가 힘들지요. 이 책을 읽는 여러분 중에도 좋아하는 음식만 골라 먹는 편식쟁이 친구가 있을 겁니다. 편식이 계속 이어진다면 정말 큰일입니다. 얼른 고쳐야 할 습관이지요.

자, 그럼 편식에 대해 이야기를 나눠 볼까요?

♥ Q. 편식이란 무엇인가요?

자기가 좋아하는 음식만 골라먹고 싫어하는 음식은 먹으려고 하지 않는 것을 말해요.

💗 Q. 편식을 하는 이유는 뭘까요?

　편식을 하는 이유는 여러 가지가 있어요.

　첫째, 엄마나 아빠와 같은 주위 어른이 편식을 하면 아이들은 자연스럽게 따라하게 되지요. 엄마가 콩을 먹지 않으면 요리를 하면서 콩을 빼게 되거든요. 그러면 당연히 온 가족이 콩과 친하지 않게 되는 거예요. 사실 우리 엄마는 돼지고기를 먹지 않았어요. 돼지고기를 먹으면 두드러기가 생긴다고 말이에요. 그래서 엄마는 절대 돼지고기 요리를 하지 않았고, 자연스럽게 나도 돼지고기를 먹지 않는 아이가 되었답니다. 지금도 나는 돼지고기를 잘 먹지 않아요.

　둘째, 요즘은 맛있는 음식이 참 많이 나와요. 특히 인스턴트식품이나 패스트푸드는 입에 쩍쩍 달라붙을 만큼 맛있지요. 인스턴트식품이나 패스트푸드를 너무 많이 먹거나 자주 먹으면 다른 음식은 맛이 없게 되지요. 특히 채소 같은 것은 정말 맛이 없다고 느끼게 되어요.

　셋째, 간식을 너무 많이 먹거나 자주 먹으면 식욕이 떨어지게 되지요. 그렇게 되면 밥을 먹기 싫어지고 편식을 하게 된답니다.

♥ **Q. 편식을 하면 어떤 문제가 생기나요?**

편식을 하게 되면 영양적으로 균형이 깨져서 발육이나 건강에 좋지 않아요. 영양 불균형으로 지나치게 마르거나 비만이 올 수 있어요. 특히 인스턴트식품이나 패스트푸드만 좋아하는 아이들은 소아비만에 걸리는 경우가 많아요.

편식을 하면 영양분을 제대로 섭취하지 못하니 키도 잘 자라지 않아요. 저항력이 약해져서 감기도 자주 걸리고 다른 질병에 걸릴 확률도 높지요. 한 마디로 약한 어린이가 되는 거예요. 게다가 변비에 걸리기 쉽지요. 채소를 많이 먹어야 굵고 건강한 변을 볼 수 있는데, 채소를 먹지 않는다면 당연히 변비가 올 수밖에요. 그리고 굉장히 신경질적이고 자기 밖에 모르는 어린이가 될 수 있어요.

음식 속에 영양소는 뇌의 성장과 발달에 도움을 주기도 하는데, 편식을 하게 되면 공부를 잘 못할 수도 있어요. 거기에다 어질어질한 빈혈이 생기기도 하지요.

이렇게 설명을 듣고 보니 편식은 정말 무서운 습관이지요? 편식 습관이 있는 친구들은 얼른 고치고 싶을 거예요. 그럼 편식 습관을 고치려면 어떻게 해야 할까요?

　맛있다고 한 가지만 먹는 습관부터 고쳐야 해요. 단 것이 좋다고 단 음식만 골라먹다 보면 단 음식에만 익숙해진답니다. 그리고 자꾸 그런 음식만 찾게 되지요. 먹기 싫어도 골고루 먹으려고 노력해야 우리 입도 여러 가지 음식 맛에 익숙해질 수 있어요.

　밥을 먹을 때는 혼자서 먹지 말고 가족이나 친구 등 여럿이 어울려 먹는 것이 좋아요. 같이 먹다 보면 먹기 싫은 것도 먹게 되니까요. 그리고 밥을 먹을 때는 밥만 먹어야지, 텔레비전을 본다거나 컴퓨터를 하는 것은 좋지 않아요.

　그런데요, 편식은 노력해도 혼자서는 습관을 고칠 수 없는 경우가 많아요. 어른들의 도움이 아주 많이 필요해요.

　어린이가 먹기 싫어하는 음식은 조리하는 방법을 달리하면 맛도 달라질 수 있어요.

　고기를 안 먹는 경우 음식 안에 고기가 있으면 골라내거든요. 그럴 때는 고기를 잘게 다져 동그랑땡이나 튀김 같은 것을 만들면 고기 특유의 냄새 없이 먹을 수 있어요.

　또 비린내가 나는 생선을 싫어하는 어린이가 제법 많은데요. 생선을 다져서 생선가스를 만들면 돈가스 맛과 아주 비슷해서 맛있게 먹을 수 있답니다.

　어린이들이 가장 먹기 싫어하는 게 바로 채소예요. 특히 향이 강한 양파나 당근 같은 것을 무척 싫어하지요. 그런데 당근이나 양파도 튀김으로 만들면 독특한 향을 느끼지 않고 맛있게 먹을 수 있어요. 또 김밥이나 주먹밥, 볶음밥에 넣어먹으면 쉽게 먹을 수 있고요.

　편식은 나쁜 습관 중에서도 가장 나쁜 습관이라고 할 수 있어요. 왜냐하면 우리 건강과 직접적인 관련이 있기 때문이에요.

　처음에는 습관을 고치기가 조금 힘들어도 건강을 위해서 꼭 고치도록 하세요.

　그런데, 사실 나에게도 고민이 있어요.

　우리 딸이 라면 귀신이라는 별명이 붙을 만큼 라면을 좋아하는데, 요즘 그 습관을 고치는 중이거든요. 그런데 참 어렵더라고요. 하지만 꼭 고치도록 하고 말 거예요. 여러분도 함께 응원해 주세요!

(재미와 감동으로 몸과 마음을 건강하게 성장시키는)
팜파스 어린이 동화

팜파스어린이 01
다문화 친구 민이가 뿔났다
함께해서 더 즐거워지는 다문화 친구 이야기
한화주 지음 | 안경희 그림

"피부색이 달라도 우린 소중한 친구야!"
이제는 익숙해진 다문화 가정 이야기,
다문화 가정 2세가 학교 갈 나이가 되었다!

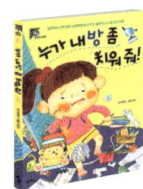

팜파스어린이 02
누가 내 방 좀 치워 줘!
**집중력과 선택 능력, 실행력을 길러 주는
놀라운 스스로 정리의 힘!**
장보람 지음 | 안경희 그림

"지금 정리해 놓으면
내일이 더 재미있고 즐거워져!!"
가방 정리부터 시작해 공책, 방, 교실까지!
무궁무진하게 확장되는 정리비법 대 공개!!

팜파스어린이 03
생각도둑, 시간도둑, 친구도둑, 공부도둑
스마트폰이 먹어 치운 하루!
**스마트폰을 슬기롭게 사용하도록
이끌어 주는 생각 동화**
서영선 지음 | 박연옥 그림

"심심하면 톡톡, 지루하면 터치!!
하루 온종일 스마트폰!!"
이제는 스마트폰 터치 말고
내 옆 친구의 눈을 보고 이야기해 보아요!!

팜파스어린이 04
말과 글에도 주인이 있어요!
**더불어 살고, 존중하는 사회를 만드는
아이로 성장시키는 놀라운 저작권 교육의 힘!**
장보람 지음 | 최해영 그림

"뜻도, 말도 어려운 저작권!
근데 저작권이 왜 중요해?!"
우리 생활 곳곳에서 일어나는
어마어마한 저작권의 힘!

팜파스어린이 05
우씨! 욱하고 화나는 걸 어떡해!!
**아이의 분노 조절과 자기 관리,
사회성을 길러 주는 놀라운 감정 표현의 힘!**
한현주 지음 | 최해영 그림

"오늘도 나는 불끈 화가 난다!!"
'화'란 껍질 속에 꽁꽁 숨어 있는
너의 진짜 마음을 보자!!

팜파스어린이 06
나 남자 친구 사귀어도 돼?
**이해, 존중과 배려를 배우는
어린이 이성 친구 이야기!**
한예찬 지음 | 양아연 그림

"두근두근,
콩닥콩닥 뛰는 이 마음은 뭘까?"
존중과 배려, 자기관리 능력을 일깨워 주는
초등 이성 친구 가이드라인!

재미와 감동으로 몸과 마음을 건강하게 성장시키는
팜파스 어린이 동화

팜파스어린이 07
내 보물 1호는 화장품
화장하면 왜 안 돼?
아이답게 예뻐지는 법을 배우는 동화
김경선 지음 | 안경희 그림

"화장하면 금세 예뻐질 수 있는데
왜 안 된다고 해?"
이성과 외모에 부쩍 관심이 많아지는 사춘기,
화장을 안 해도 예뻐질 수 있어!

팜파스어린이 08
엄마는 정말 내 말을 안 들어줘!
부모님과 갈등으로 힘겨운 어린이들을 위한
소통과 사랑 이야기!
한화주 지음 | 최해영 그림

"엄마랑 말하기 싫어! vs
엄마 마음도 좀 봐 줄래?"
엄마, 아빠랑 자꾸 싸우게 되는
우리만의 남다른 이유!

팜파스어린이 09
엄마는 언니만 좋아해!
얄미운 언니가 없었으면 좋겠어!
까칠한 자매의 따뜻한 소통 이야기
박현숙 지음 | 최해영 그림

"달라도 너무 다른 자매,
다르지만 또 닮은 우리!"
눈만 마주치면 싸우는 형제자매에게
꼭 필요한 소통의 이야기

팜파스어린이 10
커플은 힘들어
연애가 하고 싶은,
연애가 서툰 아이들의 진짜 연애 이야기!
김경선 지음 | 김주리 그림

"엄마는 모르는
우리 아이들의 연애 이야기!"
설레고 기분이 좋아지는 이성 교제 이야기

팜파스어린이 11
내 용돈, 다 어디 갔어?
마른 하늘에 빚장부 벼락!
용돈 관리로 빚쟁이에서 탈출하는
성민이의 이야기
박현숙 지음 | 최해영 그림

"사고 싶은 거, 먹고 싶은 게 이렇게 많은데!
용돈 다 어디 갔지?"
용돈 관리로 배우는 뚜렷한 경제 관념!

팜파스어린이 12
날씬해지고 말 거야!
어린이의 튼튼한 자존감과 긍정적 자아상을 위한
다이어트 심리동화
최형미 지음 | 안경희 그림

"그거 아니? 건강한 지금의 모습이
정말 예쁘다는 거!"
살 빼고 싶어서 안달한 초등생들의
마음 빈자리를 살펴보고, 튼튼하게 채워 보자!

재미와 감동으로 몸과 마음을 건강하게 성장시키는
팜파스 어린이 동화

팜파스어린이 13
말과 글이 친구를 아프게 해요

상대를 배려하는
올바른 언어습관을 알려 주는 생활동화
박서진 지음 | 김지현 그림

"장난으로 한 말인데 왜 그러세요?"
아이들의 잘못된 언어습관을 일깨워 주고, 말과
글의 중요성과 소중함을 알려 주는 동화

팜파스어린이 14
나랑만 친구해!

못된 관계 욕구를 풀고
두루두루 좋은 관계를 맺는 어린이 친구 심리!
한현주 지음 | 김주리 그림

"내 친구는 내가 지킨다!"
어린이의 건강한 관계 맺기를 알려 주는
생생한 친구 이야기!

팜파스어린이 15
나쁜 버릇, 내일부터 고칠게요

고얀 놈이 되기 싫은 천방지축 바람이의
나쁜 버릇 고치기 대작전!
박현숙 지음 | 최해영 그림

"하던 대로 하는 게 뭐 어때서?"
아이가 가진 나쁜 버릇과 습관이 왜 안 좋은지
알려 주고, 좋은 습관을 위한 노력을 알려 주는
생활동화

팜파스어린이 16
조금만 불편하면 지구가 안 아파요

일상 속 작은 실천으로
환경을 지키는 방법을 알려 주는 생활동화
김경선 지음 | 김다정 그림

"종이컵 하나 안 쓴다고 뭐가 달라져?"
환경 보호는 거창하고 어려운 일이 아니라,
일상에서 누구나 실천할 수 있는 일!

팜파스어린이 17
수줍어하는 게 어때서!

수줍음, 낯가림 등 내성적인 성격에 대한
어린이 친구들의 당찬 할 말!
최형미 지음 | 김효주 그림

"수줍음이 지닌 무궁무진한 능력들을
한번 볼래?"
어린이 친구의 타고난 성격을 잘 인정하고,
더 발전시키는 생각동화

팜파스어린이 18
또 사면 되지! 왜 아껴?

어린이 친구의 건강한 마음과
소비생활을 위한 심리동화
한현주 지음 | 최해영 그림

"엇! 마음이 약해지면 쇼핑을 한다고?"
욕심이 커지고, 점점 과시하고 싶어지는 '쓰는
마음 뒷모습' 살피기